地 | 域 | 文 | 化

贵州民族文化与社会发展研究

梅军　包龙源　著

上海大学出版社

图书在版编目(CIP)数据

贵州民族文化与社会发展研究 / 梅军,包龙源著.
上海：上海大学出版社,2024.9. -- ISBN 978-7-5671-4959-5

Ⅰ.K280.73;D677.3

中国国家版本馆 CIP 数据核字第 20246TX066 号

责任编辑　贾素慧
封面设计　缪炎栩
技术编辑　金　鑫　钱宇坤

贵州民族文化与社会发展研究

梅　军　包龙源　著
上海大学出版社出版发行
（上海市上大路99号　邮政编码200444）
（https://www.shupress.cn　发行热线 021-66135112）
出版人　戴骏豪

*

南京展望文化发展有限公司排版
上海华业装潢印刷厂有限公司印刷　各地新华书店经销
开本 710mm×1000mm　1/16　印张 16.75　字数 210 千字
2024 年 9 月第 1 版　2024 年 9 月第 1 次印刷
ISBN 978-7-5671-4959-5/K·293　定价 88.00 元

版权所有　侵权必究
如发现本书有印装质量问题请与印刷厂质量科联系
联系电话: 021-56475919

绪 言

- 贵州位于我国西南部
- 独特的自然环境和气候条件
- 多彩的民族文化
- 贵州社会发展与民族文化传承

云贵胜江南①

[明] 刘 基

江南千条水，

云贵万重山。

五百年后看，

云贵胜江南。

---

① 中华诗词学会图书编著中心，北京中华典籍图书编著中心编：《贵州诗词卷(上卷)》，北京：中国文联出版社，2011年版，第14页。

贵州位于中国西南，历史上由于受自然环境限制及社会发展力水平较低，其丰富的自然资源和丰厚的民族文化，鲜为人知。"地无三尺平，天无三日晴，人无三分银"，以及"夜郎自大"曾是世人对贵州的刻板印象。实际上，这是人们从表面上沿袭过去的认识去理解贵州所引发的偏见记忆。"地无三尺平，天无三日晴"说的是贵州的地形特征和气候特征。"夜郎自大"是历史的误读、后人的误读，历史上的"夜郎国"是一个国富兵强的地域，其疆域"东至湖广，西及黔滇，北抵川鄂，南达东南亚各国，地广数千里"，所以并非贵州先民真无知妄大，只因"地无三尺平"形成交通闭塞，而"无路去中原"罢了。"人无三分银"是人们对贵州商品经济发展状况的历史表述，其实也并非贵州真的很穷，只是历史上贵州商品经济落后使得其坐拥丰富的资源很难转化为现实的社会财富——"白银"而已。随着社会发展以及世人认知水平提高，人们对贵州的印象不再局限于"地无三尺平，天无三日晴，人无三分银""夜郎自大"等历史叙事，逐渐多维度、立体化、全方位观照贵州社会发展的历史。

生居于"地无三尺平，天无三日晴"的自然环境中，贵州各族人民无法改变，只能选择接受、适应、共生。虽然无法改变先天自然环境，但贵州各族人民意坚志勇，不畏艰难，团结奋斗，不仅摘掉了"人无三分银"的贫困历史标签，甚至在很多方面实现了后发赶超。近年来贵州取得举世瞩目的成绩，可以说很大程度上是通过智改"地无三尺平"的地理环境和巧借"天无三日晴"的气候条件来实现的。在智改"地无三尺平"方面，贵州取得了巨大的成绩，城市化率显著提高，交通条件逐步便利。贵州是中国西部省份中第一个率先实现县县通高速的省份,也是高架桥最多的省份。据统计,截至 2022 年底,世界前 100 座高桥有近一半在贵州,前 10 座高桥有 4 座在贵州。这些道路和桥梁的建成,既打通了贵州的经济脉络,又使世人更近距离地了解了贵州。在巧借"天无三日晴"方面,一方面贵州不仅率先响应国家发展战略,积极推动生态文明建设,同时利用独特的自然环境和气候条件打造了一系列农业、生态旅游业等特色产业,逐渐高效地推动资源优势向产业优势转化。

任何成功都不是一蹴而就的,更不是一劳永逸的。贵州之所以在很多领域实现后发赶超,是贵州各族儿女世代不畏艰辛,接续奋斗,以及多元优质要素有效叠加的结果。其中,贵州民族文化这个要素的作用,不容忽视。贵州能够在很多领域实现后发赶超,既不开党的领导和国家的大力扶持,更离不开贵州各民族人民长期积累的民族文化根基。文化于人,既是精神食粮,更是经济社会发展的重要推动力。贵州是一个多民族大杂居小聚居的地域,仅世居民族就有汉族、苗族、布依族、侗族、土家族、彝族、水族、亿佬族、壮族、畲族、瑶族、满族、毛南族、白族、蒙古族、仫佬族、回族、羌族等 18 个。多元主体创造了丰富多彩的民族文化,这些文化既是中华民族文化的重要组成部分,也是贵州实现经济兴、百姓富、生态美的重要资源。

本书立足贵州实际,着眼于贵州社会发展史中的民族文化维度。既是对贵州民族文化的历史回顾,更是对贵州民族文化传承、保护、开发的未来展望。本书共分为九章,其中第一章主要回顾贵州的历史沿革与解析贵州民族文化赖以生存发展的自然生态环境与人文社会环境。第二章主要分析贵州的族群源流和主要少数民族文化。第三章以贵州苗族生态实践作为切入点来探析贵州民族生态智慧,同时以贵州省梵净山作为案例来探讨其生态资源开发利用。第四章主要探讨贵州民族文化与社会发展的内在相关性。第五章着重从贵州民族文化调适与重构态势探讨贵州传统文化持续性生存与发展路径。第六章主要以贵州苗绣为个案,探讨刺绣文化的继承与推广。第七章探析贵州传统民族聚落社会重构维度。第八章主要探讨贵州民族乡村传统治理重构与善治。第九章重点探析贵州民族文化保护与开发的经验、困境、路径。以上章节内容,有些是已公开发表的论文,有些是近年来尚未发表的思考文字。

"江南千条水,云贵万重山。五百年后看,云贵胜江南。"仅从经济发展水平来看,目前云贵地区经济发展程度与江南地区相比仍有一定距离。但明代刘伯温所言,并非完全从经济维度预判,更可能是从整体性、生态性、持续性等考量。无论是江南,还是云贵,各有发展优势。云贵地区历来多元族群和谐共居,民族文化丰富多彩。本书主要从民族文化维度去观照贵州的社会发展。诚然,我们难以做到面面俱到,只能尽可能去呈现。在本书中,既有我们对贵州民族文化生成历史和发展现状的探讨,也有我们对未来贵州民族文化助力社会发展的浅薄思考。尽管我们的笔力微弱,但在呈现贵州民族文化图景过程中,我们不遗余力,尽可能全面、客观。

梅 军　包龙源
2023 年 9 月

目 录

绪言 ··· 1

第一章　贵州的历史沿革与文化生境 ················ 1
第一节　贵州的历史沿革 ························ 3
第二节　贵州的自然生态环境 ···················· 13
第三节　贵州的人文社会环境 ···················· 25

第二章　贵州的族群源流与民族文化 ················ 29
第一节　贵州的汉族源流 ························ 31
第二节　贵州的主要少数民族及其文化 ············ 37

第三章　贵州民族文化生态智慧与生态资源开发保护 ·· 79
第一节　贵州苗族人民生态实践与保护 ············ 81
第二节　梵净山生态文化资源开发与保护 ·········· 88

第四章　贵州民族文化与社会发展的内在相关性 ······ 97
第一节　贵州民族文化中传统建筑及其空间功能 ···· 99
第二节　贵州民族文化中节日文化与社会秩序 ······ 104
第三节　贵州民族文化与社会经济发展 ············ 112

第五章　贵州民族文化调适与重构态势 ·············· 119

第一节 贵州"侗族大歌"的发展历程及其文化调适 ……… 121
第二节 贵州民族婚姻文化嬗变与重构态势 ……… 128

第六章 贵州民族文化刺绣技艺的继承与应用推广 ……… 139
第一节 贵州民族刺绣研究回顾 ……… 141
第二节 贵州民族刺绣文化基因功能 ……… 149
第三节 贵州民族刺绣文化推广与传承 ……… 154

第七章 贵州传统民族聚落社会重构维度 ……… 159
第一节 贵州传统民族聚落生态经济理性的形成 ……… 163
第二节 贵州传统民族聚落的文化持存 ……… 170

第八章 贵州民族乡村传统治理资源整合重构与乡村善治 …… 181
第一节 贵州民族乡村治理案例分析 ……… 184
第二节 贵州民族乡村善治进路 ……… 197

第九章 贵州民族文化保护与开发的经验、困境、路径 ……… 201
第一节 贵州民族文化的保护与开发实践经验 ……… 203
第二节 贵州民族文化保护与开发面临的问题 ……… 212
第三节 贵州民族文化保护与开发实践路径 ……… 218

参考文献 ……… 225
附录 ……… 245

第一章　贵州的历史沿革与文化生境

❖ 从夜郎到贵州的悠久历史

❖ 五岭逶迤的地貌

❖ 天然的资源宝库

❖ 民族文化的多样性

❖ 红色文化资源丰富

过 贵 阳[①]

陈 毅

红日东升黔之阳,

照遍地下百宝藏。

稀有金属最可贵,

战略前途更辉煌。

闲步跑上东山头,

贵阳全景一望收。

新城气旺旧城尽,

不愧雄奇冠此州。

[①] 中共中央文献研究室编:《陈毅诗词集 下》,北京:中央文献出版社,2012年版,第459页。

第一节　贵州的历史沿革

贵州的历史文化悠久，明永乐十一年（1413）建省。其行政建制时间更长，据《贵州通志》记载："三代《禹贡》：梁州南境，而荆州西裔也。殷为鬼方。周为靡莫之属。战国时楚顷襄王遣庄蹻略地黔中。秦为黔中郡。汉为西南夷地。武帝元鼎六年（111）平南夷，分属牂牁、犍为、兴古三郡。晋为牂牁、犍为、兴古、武陵四郡，属荆、益、宁三州。南宋、齐因之。隋为巴东、黔安、清江、明阳四郡地。……"①从相关史料记载来看，贵州的行政建制经历了由"边"向"内"，由"土"转"流"的并治过程②。明张岱《夜航船》载："秦三十六郡。始皇初并天下，罢诸侯，置守尉，遂分天下为三十六郡，每郡置一守、一丞、两尉以典之。郡名曰内史、三川、河东、南阳、南郡、九江、鄣郡、会稽、颍川、砀郡、泗水、薛郡、东郡、琅琊、齐郡、上谷、渔阳、北平、辽西、辽东、代郡、巨鹿、邯郸、上党、太原、云中、九原、雁门、上郡、陇西、北地、汉中、巴郡、蜀郡、黔中、长沙。后又置闽中、南海、桂林、象郡四郡。凡四十郡。"③

秦汉时期，贵州少数民族地区属"西南夷"。西汉司马迁《史记·西南夷列传》载："西南夷君长以什数，夜郎最大；其西靡莫之属以什数，滇最大；自滇以北君长以什数，邛都最大。此皆魋结、耕田，有邑聚。……始楚威王时，使将军庄蹻将兵循江上，略巴、蜀、黔中以西。

---

① 贵州省文史研究馆古籍整理委员会编：《贵州通志·万年历》，贵阳：贵州大学出版社2010年版，第10页。
② 史继忠：《贵州行政建置的演变与中国多民族国家的形成》，《贵州民族大学学报（哲学社会科学版）》2018年第1期，第1—28页。
③ ［明］张岱：《夜航船》，成都：巴蜀书社1998年版，第40页。

庄蹻者,故楚庄王苗裔也。蹻至滇池,(地)方三百里,旁平地,肥饶数千里,以兵威定属楚。欲归报,会秦击夺楚巴、黔中郡,道塞不通,因还,以其众王滇,变服,从其俗,以长之。秦时,常頞略通五尺道,诸此国颇置吏焉。汉兴,皆弃此国而开蜀故徼。……元封二年,天子发巴蜀兵击灭劳浸、靡,莫,以兵临滇。滇王始首善,以故弗诛。滇王离难西南夷,举国降,诸置吏入朝。于是认为益州郡,赐滇王王印,复长其民。西南夷君长以百数,独夜郎、滇受王印。"①可见,贵州早在秦汉时已纳入行政建制管辖范围。

在秦汉时期,贵州交替隶属黔中郡、牂牁郡,以及归属夜郎国。夜郎属古代联盟部落,即"部落方国"。关于牂牁郡,《汉书·地理志》载:"汉武元鼎六年开。莽曰同亭。有柱蒲关。属益州。户两万四千二百一十九,口十五万三千三百六十。县十七:古且兰、镡封、鳖、漏卧、平夷、同并、谈指、宛温、毋敛、夜郎、毋单、漏江、西随、都梦、谈槀、进桑、句町。"②三国时期,蜀汉初,置九郡,即巴东、巴西、梓潼、河阳、文山、汉嘉、朱提、云南、涪陵、后来又设置了巴郡、广汉、犍为、牂牁、越嶲、益州、汉中、永昌、安南、武都等十郡。从今之贵州辖地来看,其地理区位大致属古之牂牁郡、犍为郡、武陵郡等,其中今之贵州中部、西南部属古之牂牁郡,毕节、遵义等地属古之犍为郡,部分黔东地区属武陵郡。

晋代承袭汉朝州、郡、县制度。公元280年晋灭孙吴后,结束了三国鼎立的格局,获得荆州、扬州、交州、广州四地,并将荆、扬两州与原曹魏时期的荆、扬两州合并,共置十九州。如张岱《夜航船》所载:"晋十九州:司州(河南)、兖州(濮阳)、豫州(项城)、冀州(赵郡)、

---

① [西汉]司马迁:《史记全本》(下),沈阳:万卷出版公司2016年版,第249—251页。
② [东汉]班固著,赵一生点校:《汉书》,杭州:浙江古籍出版社2000年版,第559页。

并州（晋阳）、青州（临淄）、徐州（彭城）、荆州（江陵）、扬州（初寿春，后建业）、雍州（京兆）、秦州（上邽）、益州（成都）、梁州（南郑）、宁州（云南）、幽州（范阳）、平州（昌黎）、交州（番禺）、凉州（武威）。"①晋代时，贵州分属益州、荆州、宁州、交州等地，其中黔西、黔北等地区属益州之地，黔东北部分地区属荆州，黔西南等地属宁州，黔东南部分地区属交州。

唐代，分天下为十道，即关内、河南、河东、河北、山南、陇右、淮南、江南、剑南、岭南。玄宗开元初，又分为十五道：京畿（西京）、都畿（东都）、关内（京官遥领）、河南（陈留）、河北（魏郡）、陇右（西平）、山南东（襄阳）、山南西（汉中）、江南东（吴郡）、江南西（豫章）、剑南（蜀郡）、淮南（广陵）、黔中（贵州）、岭南（南海）②。大体上来讲，唐代贵州属黔中道。据史料记载，唐曾在今乌江以北设立经制州，并按内地州县治理，如黔州黔中郡，下辖今重庆酉阳、秀山、黔江、彭水，以及贵州沿河、务川等地；思州宁夷郡，下辖今贵州思南、德江、印江等地；播州播川郡，下辖今贵州遵义、桐梓、正安等地；南州南川郡，下辖今重庆南部及贵州北部的道真等地。宋太宗时期，天下分为十二路，至宋仁宗时，扩至为：京东东路、京西南路、河北东路、江南东路、荆湖北路、成都路、夔州路、广南东路等二十三路，贵州属夔州路。

宋代按山川形势分设为路，改唐代的黔中道为夔州路，将治所移至夔州（今重庆奉节），统四十九羁縻州及南平军、遵义军、遵义砦、邛水砦、安夷砦和婺川城③。

《新唐书》载："唐兴，初未暇四夷，自太宗平突厥，西北诸蕃及蛮夷稍稍内属，即其部落列置州县，其大者为都督府，以其首领为都

---

① ［明］张岱：《夜航船》，成都：巴蜀书社1998年版，第41页。
② ［明］张岱：《夜航船》，成都：巴蜀书社1998年版，第41页。
③ 史继忠：《贵州行政建置的演变与中国多民族国家的形成》，《贵州民族大学学报（哲学社会科学版）》2018年第1期，第1—28页。

督、刺史，皆得世袭。虽贡赋版籍，多不上户部，然声教所暨，皆边州都督、都护所领，著于令式。今录招降开置之，自以见其盛。其后或臣或叛，经制不一，不能详见。……羌、蛮隶剑南者，为州二百六十一。蛮隶于江南者，为州五十一。隶岭南者，为州九十三。又有党项州二十四，不知其隶属。大凡府州八百五十六，号为羁縻云。"①从记载内容来看，羁縻州所辖之地由地方首领统领，可世袭，但其"贡赋版籍，多不上户部"。唐宋时期，贵州属羁縻之地，受羁縻政策制度管辖。宋初羁縻州一般时有进贡，部分名存实亡，在北宋中后期有些直接纳入朝廷管理。

从元代开始，土司制度出现于西南少数民族地区。唐宋时盛行的羁縻州制，由土司制度取代。元代完善封建中央行政，各地设行中书省。元代时，建中书省十二个：都省（治腹里路）、河南行省（汴梁）、湖广行省（武昌）、浙江行省（杭州）、江西行省（龙兴）、陕西行省（京兆）、四川行省（成都）、云南行省（中庆）、辽阳行省（辽东）、镇东行省（高丽）、甘肃行省（甘州）、岭北行省（和州）。从今贵州之地来看，属元朝时期的四川行省、湖广行省、云南行省等地交汇处。元政府通过设置宣慰司、宣抚司、安抚司、长官司等，在西南地区分封少数民族首领官职，形成一套土司制度，如贵州中部地区的八番顺元等处宣慰司元州府，东北部和思州宣慰司等。

永乐十一年（1413）明朝在贵州设置承宣布政司，贵州正式成为省一级行政单位。据张岱《夜航船》②记载，明两直隶十三省，即北直隶八府（北京在顺天），十七州，一百一十六县；南指隶十四府（南京在应天），十七州，九十六县；河南八府（省城在开封），十州，九十六县；陕西八府（省城在西安），二十二州，九十五县；山东六府（省城在济南），十

---

① [宋]欧阳修、宋祁撰：《新唐书》，北京：中华书局1975年版，第1119—1120页。

② [明]张岱：《夜航船》，成都：巴蜀书社1998年版，第41页。

五州,八十九县;湖广十五府(省城在武昌),十六州,一百零七县;浙江十一府(省城在杭州),一州,七十五县;江西十三府(省城在南昌),一州,七十七县;福建八府(省城在福州),五十七县;山西五府(省城在太原),二十州,七十八县;四川八府(省城在成都),二十州,一百零七县;广东十府(省城在广州),八州,七十五县;广西十一府(省城在桂林),四十七州,五十三县;云南十四府(省城在云南),四十一州,三十县;贵州八府(省城在贵阳),六州,六县。

据明万历《贵州通志》记载,贵州布政司:"东抵湖广平溪卫界,五百五十里;南抵广西泗城州界,三百四十里;西抵云南曲靖卫界,七百二十里;北抵四川泸州界,七百五十五里;东南抵广西庆远府荔波界,五百八十五里;西北抵四川建昌行都司界,一千六百里;西南抵云南亦佐县界,九百二十五里;东北抵湖广五寨司界,八百里。抵南京四千二百五十里,抵京师七千六百七十里。"①从《贵州通志·万历年》所记载的内容来看,贵州之地与湖南、广西、云南、四川等地接壤。明朝时期,贵州承宣布政司下辖:"思州、思南、镇远、石阡、铜仁、黎平、乌罗、新化八府,及宣慰司,普安、永宁、安顺、镇宁四州,镇远、葵川、印江、施秉四县。后废为乌罗、新化二府。成化十年(1474),置程番府。弘治六年(1493),置都匀府。八年,置麻哈、独山二州,清平、永从二县。隆庆二年(1568),迁程番府治入会省附郭,改名贵阳。在万历十四年(1586),置定番州治旧府地。十九年,置新贵县附郭,余如故。都指挥使司领贵前、龙里、新添、平越、清平、兴隆、都匀、威清、平坝、普定、安庄、安南、普安、毕节、乌撒、永宁、赤水一十八卫,黄平、普市守御二千户所。"②可见,明代对贵州的管理越来越明晰。

---

① 贵州省文史研究馆古籍整理委员会编:《贵州通志·万年历》,贵阳:贵州大学出版社2010年版,第10页。
② 贵州省文史研究馆古籍整理委员会编:《贵州通志·万年历》,贵阳:贵州大学出版社2010年版,第10页。

元、明两代对贵州的治理主要采用"土司制度",从某种意义上来讲,"土司制度"同"羁縻制度"具有很大的相似性,其治理范围主要是西南和西北少数民族地区。"土司制度"一方面巩固了中央封建王朝的统治势力范围,另一方面维护了多民族国家的统一,促成了中华民族多元一体格局的形成。贵州作为"土司制度"治理对象,其行政建制必然深受影响。《太宗永乐实录》(卷十六)载:"复设古州、龙里、欧阳、湖耳、中林验洞、八舟、漕滴洞、潭溪、福禄永从、洪州泊里、亮寨、新化、赤溪湳洞、西山阳洞十四蛮夷长官司,俱隶贵州(思州)。盖洪武初各设长官司,后苗蛮吴面儿梗化,发兵讨平之,遂废。至是,招辑其民,复业者众,故复设焉。仍以土人为长官。"①《(乾隆)贵州通志》之《八番顺元宣慰司题名碑记》详细记载了当时"土司制度"治理的状况:"八番顺元,相传为夜郎、牂牁之表,殆古鬼方之境欤。蛮僚种落杂处,叛服不常,入我国家,军徇其地,诸部悉归顺,始置宣慰使都元帅府,总戎以镇之。更贵州为顺元,屯驻城中,领万户,府一,镇抚司一,安抚司十,长官司五,而顺元、思、播三宣抚地皆听抚镇,其任重矣。"②从《太宗永乐实录》《八番顺元宣慰司题名碑记》所记载的内容来看,中央封建王朝对贵州实行地方土司制度,从形式上保证全国政治上的统一,对少数民族地区的管理起过有益作用。

随着政治治理的需要,自元至明,中央封建王朝对土司制度作出了明确的规定:一是将土司纳入统一官制,比照流官,自从三品至从九品,按职位高低定品级;二是明确土司有文、武之分;三是"承袭有制,并有号纸信符",承袭之权在中央,非朝命不得承袭;四是教化为先,"使之知君臣父子之义",入学读书习礼是土司替袭的必由之路,未

---

① 贵州省民族研究所编:《〈明实录〉贵州资料辑录》,贵阳:贵州人民出版社1983年版,第117页。
② [清]张广泗修、杜诠纂《(乾隆)贵州通志》卷四十一《艺文志》,乾隆六年刻嘉庆修补本。

经儒学教化者不准袭职;五是土司三年必须进京朝觐,额定赋税,"务从宽减",回赐亦有定制;六是定"征调之法",土司负有"附楫诸蛮,谨守疆土"之责,战时听从征调,为朝廷"奔走如命"。① 可见,中央封建王朝对贵州的管理越来深入,从政治治理到经济治理、文化治理、社会治理等。

清代承袭明代行省制度,对西南地区的治理采取"改土归流"政策。清朝雍正时期,鄂尔泰上奏朝廷在西南地区实行"改土归流",就贵州的"改土归流"而言,鄂尔泰在《正疆界定流土疏》②中说道:"土司改流,原属正务。但有应改者,有不应改者;有可改可不改者;有必不可改必不可不改者;有必应改而不得不缓改者;有可不改而不得已竟改者。审时度势,顺情得理,庶先无成心而有济公事。若不论有无过犯,一概勒令改流,无论不足以服人,兼恐即无以善后。如果相安在土,原无异于在流。如不相安在流,亦无异于在土也。"可见,贵州的"改土归流"并非全盘"土改流",而是因地制宜,"土流并治"。除此之外,鄂尔泰认为,有必要在黔开疆拓土,开辟"苗疆",正如其言:"黔、粤向以牂牁江为界,而粤之西隆州与黔之普安州,逾江互相斗人。苗寨寥阔,文武动辄推诿。应以江北归黔,江南归粤,增州设营,形格势禁。""贵州土司向无钳束群苗之责,苗患甚于土司。而苗疆四周几三千余里,千有三百余寨。古州距其中,群砦环其外,左有清江可北达楚,右有都江可南通粤,……如欲开江路以通黔、粤,非勒兵深入,遍加剿抚不可,此贵州宜治之边夷也。"同时对于贵州"苗疆"的"改土归流",鄂尔泰建议:"改流之法,计擒为上,兵剿次之。令其自首为上,勒献次之。惟治夷必先练兵,练兵必先选

---

① 史继忠:《贵州行政建置的演变与中国多民族国家的形成》,《贵州民族大学学报(哲学社会科学版)》2018年第1期,第1—28页。
② [清]魏源:《魏源全集·皇朝经世文编·兵政》(卷86),长沙:岳麓书社2004年版,第696—707页。

将,诚能赏罚严明,将士用命,先治内,后攘外,必能所向奏效,实云贵边防百世之利。"

从清代对贵州"改土归流"的实践来看,其任务和目的主要有三:一是废革有"过犯"的土司和土目;二是调整疆界,归并事权;三是开辟"苗疆",设官建制,将广大"苗疆"土地赋税和人民纳入封建中央王朝统治的范围①。在"改土归流"政策的作用下,贵州东南"生苗"地区被清政府设置为"新疆六厅":古州厅(今榕江县)、清江厅(今剑河县)、台拱厅(今台江县)、丹江厅(今雷山县)、八寨厅(今丹寨县)、都江厅(今三都水族自治县),"新疆六厅"主要是苗族、侗族、水族、布依族等少数民族的居住地。从某种意义上来讲,清代实施"改土归流"政策,开辟贵州"新疆六厅",不仅是清廷政府政治治理的需要,同时也是中华民族大融合的过程。

清宣统三年(1911)辛亥革命爆发,11月,贵州推翻清王朝统治,在贵阳成立军政府。民国5年(1916),改省最高行政长官为省长,民国24年(1935),省政府主席王家烈下台,国民政府彻底改组贵州省政府。从民国元年至24年,贵州政权为地方军阀把持,连年混战。民国24年,贵州省政府下设有秘书处、民政厅、财政厅、实业厅、建设厅、教育厅、省警务处、省会警察局、都军府军警局、司法厅等。根据国民政府公布《各省行政督察专员暂行条例》,贵州省厘定《贵州行政督察专员公署组织条例》暨《办事通则》,并于民国24年(1935)7月1日公布,实行行政督察专员制度,并根据疆域、地形、户口、交通、经济状况等情况,将全省划分为若干区,各设行政督察专员公署,作为省政辅助机关,推行省政府法令,代行省政府一部分监督权。全省初划为11个行政督察区,之后有所调整。至民国32年(1943),全省共设有1个省政

---

① 余宏模:《试论清代雍正时期贵州的改土归流》,《贵州民族研究》1997年第2期,第26—34页。

府直辖区、6个行政督察区,分辖全省79个县(市),并持续到1949年①。

  1949年11月,人民解放军进入贵州,贵阳解放。1949年12月26日,贵州省人民政府成立,省政府下设经济委员会、民族事务委员会、财政厅、教育厅、交通厅等行政机构。同时,在全省设一个省辖市(贵阳市)和贵阳、遵义、铜仁、镇远、独山、兴仁、安顺、毕节8个专区。1951年1月28日,贵州省第一个民族区域自治地方政府——炉山县凯里苗族自治区人民政府成立,同年5月,全省79个县和1个市全部成立人民政府②。在中国共产党和中央人民政府的坚强领导下,贵州的社会经济得到快速发展,同时随着社会经济发展的需要,贵州的行政建制也进行了相应的改革,例如成立了民族自治州、民族自治县、民族乡以及撤县建市,设立新区等。截至2021年3月,省政府驻地贵阳市云岩区,共辖贵阳、遵义、六盘水、安顺、毕节、铜仁6个地级市,黔东南、黔南、黔西南3个民族自治州,10个县级市、50个县、11个自治县、16个区和1个特区,共88个县级行政区;832个镇、122个乡、193个民族乡、362个街道。截至2022年末,贵州省常住人口为3 856.00万人,全年出生人口为42.50万人,出生率为11.03‰,死亡人口为28.20万人,死亡率为7.32‰,自然增长率为3.71‰。截至2023年末,贵州常住人口3 865.00万人,比上年末增加9万人。③

---

  ① 贵州省地方志编纂委员会编:《贵州省志·政府志》,贵阳:贵州人民出版社2014年版,第189—206页。
  ② 贵州省地方志编纂委员会编:《贵州省志·政府志》,贵阳:贵州人民出版社2014年版,第270页。
  ③ 数据来源:贵州省人民政府网,www.guizhou.gov.cn,多彩贵州-贵州概况-地理。

图 1-1 晴隆二十四道拐

第二节　贵州的自然生态环境

贵州位于中国西南地区,简称"贵"或"黔",全省总面积为17.62万平方千米,东与湖南省相邻、南接广西壮族自治区、西接云南省、北连重庆市和四川省。贵州地处云贵高原,地势起伏比较大,平均海拔约为1 100米,山地和丘陵面积占全省总面积的92.5%,也正因为贵州山区比较多,所以被人们称为"地无三里平"的省份。贵州的地势总体为西高东低,自中部向北、东、南三面倾斜,构成东西三级阶梯、南北两面斜坡。其中,贵州海拔最高点位于毕节市赫章县珠市彝族乡的韭菜坪,海拔为2 900.6米,为贵州最高峰,素有"贵州屋脊"之称。贵州地区的地层,从元古界至第四系均有出露,累计最大厚度达3万米左右。古生界寒武系至中生界三叠系为未变质的海相地层,发育良好。在地台发展早期,自震旦纪至三叠纪是地台的海相沉积阶段,以碳酸盐岩为主,夹有一些砂页岩的沉积建造。贵州东南部地区因基底构造层大面积出露,基本上无岩溶分布。西部地区盖层构造发育良好,除赤水一角外,主要以海相碳酸盐岩层为主,中部以碳酸盐岩建造为主,同时整个盖层又以碳酸盐建造为主[①]。从某种程度上来讲,这给贵州境内岩溶发育创造了基本条件。

贵州境内的大娄山、武陵山、乌蒙山、老王山和苗岭五大山脉构成了其地形的基本骨架。贵州现代的地貌主要是燕山运动以后形成的,地貌发育分为三个时期:大娄山期是贵州地貌长期剥蚀夷平的时期;山盆期是在喜马拉雅造山运动后又一剥蚀夷平时期,贵州现存的高原面主要就

---

① 中国自然资源丛书编撰委员会编:《中国自然资源丛书·贵州卷》,北京:中国环境科学出版社1995年版,第2页。

图 1-2 坝陵河大桥

是这一时期形成的;乌江期则是河流深切的峡谷及阶地形成期。贵州地貌的区域分异十分明显,可分为两个大区和十个二级区,东部山地丘陵区包括黔东南中山低山丘陵、梵净佛顶中山和黔东北低山丘陵等三个二级区;西部高原山地区包括黔北山原中山、黔中丘原盆地、黔南山原中山低山盆谷、盘江红水河低山丘陵、黔西南丘原中山、黔西高原中山、赤水习水低山丘陵台地等七个二级区①。当然,在同一个地区内又存在一些小的差异,这些差异使得贵州的地貌特征更加明显。

从贵州的地貌来看,主要呈现以下特征:一是地势起伏大、地貌类型复杂。在地貌上属于我国西部高原山区的一部分。地势西高东低,自中部向北、东、南三面倾斜,河流顺地势向北、东、南三面分流。贵州境内海拔最高点和最低点,最大高差达2 700多米,可见其地势起伏之大。二是地貌与地质构造的关系密切。全省除少数地区外,大致背斜成山,向斜成谷,山脉走向与构造线延伸方向一致。如黔北地区,在构造上是背斜开阔、向斜狭窄。三是岩溶地貌分布广泛,形态复杂。全省除黔北的赤水、黔西南的望谟、册亨一带为砂页岩,黔东南大部地区为轻变质岩,发育成片的外形较为浑圆,切割密度较大的侵蚀、剥蚀地貌以外,其余70%以上的地区均为石灰岩等碳酸质岩石发育的岩溶地貌②。可见,贵州地貌类型复杂多变,贵州的自然资源、气候类型等也因复杂的地貌类型而具有差异性。

由于贵州位于青藏高原东侧,地处云贵高原的东斜坡上,地势西高东低,地形逶迤至中部以后复向南北倾斜,形成中部隆起,加之境内山脉交错,河流纵横,地形地势极为复杂,造成了贵州气候复杂性和多样性。总体上来讲,贵州的气候可分区为:中部为温和区、西北一隅

---

① 贵州省地方志编纂委员会编:《贵州省志·地理志》(下),贵阳:贵州人民出版社1988年版,第710页。
② 贵州师范大学地理系编:《贵州省地理》,贵阳:贵州人民出版社1990年版,第21—22页。

图1-3 北盘江大峡谷

图 1-4 乌江画廊

为高寒区、赤水河河谷及东南边缘为低热区,但从农业生产的角度可分为七个区:黔南夏湿冬干暖热区、黔东南湿润湿热区、黔东北湿润伏旱温热区、黔北湿润伏旱温和区、黔中湿润温和区、黔西南夏湿冬干温和区、黔西北夏湿冬干冷凉区①。

贵州各地区的年日照时数也各不相同,大部分地区都在 1 200～1 600 小时,西部地区一般在 1 600 小时左右,最多的威宁为 18 054 小时;北部的大娄山两侧和东部的清水江下游均不到 1 100 小时,最少的是务川,仅 1 014.6 小时。春季,西部和南部地区,日照总时数在 300～500 小时;北部和中部地区在 220～280 小时,其余地区多在 250～300 小时。夏季,各月日照时数可达 200 小时左右;秋季,西部和南部边缘地区为 350 小时左右,其余大部地区在 300 小时左右。10 月和 11 月,各地日照时数急剧减少到 50～120 小时②。另外,贵州日照强度在不同季节还是十分明显,各地日照时数也不一样。

从贵州的气候来看,主要呈现以下特点:一是冬无严寒,夏无酷暑,四季分明,无霜期长。贵州大部分地区年平均气温在 14℃～16℃,仅南部河谷地带高于 18℃,西北高原低于 14℃。冬天不冷,大部地区 1 月(最冷月)平均气温 3～8℃,极端最低温除西部威宁等地外,均在 10℃以内。而夏天又不热,一般地区 7 月(最热月)平均气温在 18～26℃,极端最高温 36～38℃,持续时间不长。二是降水充沛,湿度大、阴雨天多。由于受季风影响,冷暖气流交替频繁,年降水量大部地区在 1 100～1 300 毫米,贵州中部、东北部及东南部降水较多,年降雨量在 1 400 毫米以上。因贵州处于高原山地,湿度大,阴雨天多,故有"天无三日晴"之说。三是气候的区域性差异大,水热条件垂直变化显著。

---

① 贵州省地方志编纂委员会编:《贵州省志·地理志》(下册),贵阳:贵州人民出版社,1988 年版第 764 页。
② 贵州师范大学地理系编:《贵州省地理》,贵阳:贵州人民出版社,1990 年版第 42—43 页。

贵州地势起伏大,西部威宁—赫章一带为海拔2 000米以上的高寒山区,属冬冷夏凉的中温带,而高原边缘的低海拔河谷地带,热量充足,已具有南亚热带的气候特色,故有"一山有四季""十里不同天"之说,如梵净山、雷公山从山麓至山顶气候垂直分布带十分明显。归根到底,影响贵州气候的主要是地理位置、地形地势、大气环流等因素①。复杂多样的气候类型对贵州的植被和农业产生重要的影响。

贵州气候类型多样,地域差异大,地表崎岖,加上太阳辐射和大气环流的差异,多数地区在农业生产结构和作物布局上形成"山地林、坡地茶、谷地粮"的立体农业基本格局。贵州土壤类型复杂多样,地带性土壤、非地带性土壤和耕作土壤呈交错分布。其中,南部红水河及南、北盘江河谷地带为赤红壤或燥红土;中部山原地区为黄壤;东部河谷丘陵地区为红壤(或红黄壤);西部高原和山地为黄棕壤;高大山体上部为山地灌丛草甸土;喀斯特地貌区广泛分布石灰土;西北部主要分布紫色土。全省黄壤面积最大,其次是石灰土②。

贵州矿产资源丰富,目前已发现的矿产达110种以上,其中76种矿产已程度不同地探明了储量,全省探明储量的产地达1 338处。贵州储量居全国前10名的矿产计有30种。其中汞、化肥用硅石、光学水晶居全国第一位;磷、碘、稀土、方解石居全国第二位;锰、镁、镓居全国第三位;此外,煤、硫铁矿、锑、金等在国内占有重要地位。煤炭储量大,素以"江南煤海"著称。铝土矿保有储量4.13亿吨,磷矿至1999年末,保有储量26.81亿吨,重晶石约占全国的三分之一,金矿列居全国第12位③。这些天然的自然资源为贵州的社会经济发展提供了有力支撑(表1-1)。

---

① 陈建庚编著:《贵州地理环境与资源开发》,贵阳:贵州教育出版社1994年版,第83—87页。
② 杨晓英等编著:《贵州自然条件与农业可持续发展》,贵阳:贵州科技出版社2002年版,第4页。
③ 贵州省政协经济委员会,贵州省农业资源办公室编:《资源开发与生态建设》,贵阳:贵州科学技术出版社2000年版,第34—37页。

表 1-1 贵州省 2018—2022 年主要矿产资源储量

指标名称	单位	2022 年	2021 年	2020 年	2019 年	2018 年
煤炭储量	亿吨	803.79	799.84	791.95	766.14	747.84
铁矿储量	亿吨	12.53	12.5	12.49	12.51	12.49
锰矿储量	万吨	83 935.12	82 461.26	83 149.44	83 528.16	75 658.1
钒矿储量	万吨	583.22	582.91	589.46	589.46	415.89
铜矿储量	万吨	16.42	16.42	16.56	16.09	16.1
铅矿储量	万吨	225.51	218.82	215.76	188.59	121.7
锌矿储量	万吨	933.08	922.27	902.44	798.88	584.57
铝土矿储量	亿吨	11.6	11.65	11.39	11.26	10.36
镁储量（炼镁白云岩）	亿吨	1.17	1.17	1.17	1.17	1.17
镍矿储量	万吨	63.97	63.96	63.48	61.93	61.94
钨矿储量	万吨	0.75	0.75	0.75	0.75	7 965.64
锡矿储量	万吨	0.78	0.78	0.78	0.78	7 760.6
钼矿储量	万吨	91.14	90.88	90.15	89.63	89.64
汞矿储量	万吨	3.04	3.04	3.05	3.05	3.05
锑矿储量	万吨	38.28	38.06	38.06	38.06	38.06
金矿（岩金）储量	吨	490.81	505.25	470.29	493.78	489.98
银矿储量	吨	1 796.68	1 407.16	1 407.91	1 265.46	581.19
稀土矿储量	万吨	117.08	117.08	108.93	87.08	87.08
镉矿储量	吨	17 149.62	16 915.68	16 915.68	11 332.14	6 777.18

续 表

指标名称	单位	2022年	2021年	2020年	2019年	2018年
硒矿储量	吨	1 116.98	1 083.08	1 083.08	1 048.61	773.6
冶金用白云岩储量	万吨	8 925.91	8 925.91	8 925.91	8 925.91	9 053.66
冶金用砂岩储量	万吨	8 787.17	8 499.5	8 624.29	8 624.29	8 24.29
硫铁矿储量	亿吨	9.66	9.74	9.65	9.21	9.17
重晶石储量	万吨	22 281.68	22 128.35	14 068.55	12 660.65	12 719.1
磷矿储量	亿吨	53.63	49.11	48.91	46.41	42.13

注：数据来源于贵州省宏观经济数据库（统计热词：矿产）http://hgk.guizhou.gov.cn

贵州森林资源分布的特点是边远山区多，中心地区少，地域差异性明显。主要集中分布在黔东南、黔东北地区。黔东南的清水江和都柳江中下游，是前震旦纪变质岩组成的低山丘陵地带，地势较低，土质肥厚，水热条件好，林木生产力高，这两个流域的森林覆被率达29.4%，林木蓄积占全省总蓄积的38.9%，杉木蓄积占全省的60%，是贵州杉木的中心产区和全省木材主要产区，也是全国南方杉木林基地之一①。根据聂洪峰等人的遥感调查，贵州省林业用地总面积为 8 749 639.0 hm²，占全省总面积的 49.7%，其中有林地面积 5 332 611.9 hm²（林分面积 4 837 622.0 hm²，经济林 426 920.6 hm²，竹林 68 069.3 hm²），疏林地 474 022.6 hm²，灌木林地 1 342 368.5 hm²，未成林造林地 305 021.5 hm²，宜林荒山 1 279 952.8 hm²，其他林地 15 661.7 hm²；

---

① 《贵州省林业区划》编写组编：《贵州省林业区划》，贵阳：贵州人民出版社1990年版，第33页。

图 1-5 兴义万峰林·大顺峰

图1-6 贞丰自然奇观双乳峰

图1-7 黄果树瀑布

难利用地760 816.2 hm²,占总面积的4.3%;非林业用地8 106 314.8 hm²,占总面积的46.0%。森林覆盖率30.27%,加灌森林覆盖率37.89%①。2018年,贵州的森林覆盖率达到57%。总体上来讲,贵州森林资源丰富,植被种类丰富多样。

第三节 贵州的人文社会环境

据考古研究发现,贵州境内已先后发现"桐梓人""水城人""兴义人""大洞人"等史前人类活动遗迹。据考古学家、历史学家考证,在南方古人类中,贵州"桐梓人"使用火的起源最早,在他们居住的岩灰洞里,找到了南方人工用火最早的证据;"水城人"使用的锐棱砸击法,在国内亦属罕见;在"兴义人"居住的猫猫洞中有几种类型的骨器和角器,也是全国首次发现②。可见,早在史前时期贵州就有人类居住。

秦汉时期,中央封建王朝在西南地区设立牂牁郡,今贵州境内部分地区便属牂牁郡管辖之地。《史记·西南夷列传》载:"西南夷君长以什数,夜郎最大。"可见,在西南地区众多部落联盟中,属夜郎最大,而今贵州部分地区正属古夜郎国之地。魏晋南北朝时期,贵州境内主要生活着龙、傅、董、谢、尹等大姓,而在《南蛮传》中也记载了这些姓氏所建立的地方政权。自隋唐到宋元,随着中央封建王朝对西南边疆的不断强化管理,特别是在明清时期,中央封建王朝大力推行"改土归流",使贵州成为行省单位逐渐固定下来。

从文化人类学视角来讲,有人类活动的地方,便是文化生成的场

---

① 聂洪峰等著:《贵州省国土资源遥感综合调查》,北京:地质出版社2007年版,第61页。
② 史继忠等著:《贵州文化》,呼和浩特:内蒙古教育出版社2006年版,第4页。

域。就贵州文化生成史而言,可以追溯至史前时期。随着中央封建王朝对贵州管理不断深入,族群间互动不断增多,民族文化多样性也随之不断凸显。从某种程度上来讲,史前文化、民族文化、红色文化构成了贵州的文化体系。据史学家、民族学家考证,贵州世居民族主要有汉族、苗族、布依族、侗族、土家族、彝族、水族、仡佬族、仫佬族、回族、壮族、白族、瑶族、畲族、毛南族、蒙古族、满族、羌族等 18 个民族。多元的文化主体催生了多彩的贵州民族文化,而这些独具特点的民族文化构成了"多彩贵州"的文化底色。

就贵州少数民族而言,苗族人口最多。据第六次人口普查统计,全省苗族共有 396.84 万人,占全省人口的 11.42%,占全省少数民族人口的 31.63%,主要聚居在黔东南、黔南、黔西南自治州等地[①]。苗族是中国历史上较为悠久的古老民族之一,远古时代的"九黎""三苗""南蛮""荆蛮"是苗族不同时期的先民,蚩尤为其所尊奉的始祖。苗族是个能歌善舞的民族,素有"歌舞的海洋"之称,在史籍上更是有"男吹芦笙女振铃"的记载,歌曲主要有飞歌、酒歌等。苗族服饰款式多样,其中尤以黔东南苗族女性盛装较为盛行。苗族的传统银饰多种多样,有手钏、项圈、头饰、胸饰、银衣等,花纹雕琢精美,其中黔东南苗族姑娘佩戴银饰的数量最多,为苗族之冠。"吊脚楼"是苗族民居的典型建筑,按山坡斜度竖桩,在桩上建筑,屋顶为双斜面,顶棚上层储藏粮食、杂物,吊脚楼下堆放杂物或圈养牲畜,中间住人。苗族的节日主要有苗年、"四月八"、龙船节、爬坡节。苗族的主食有稻谷、苞谷、麦、高粱、荞等,其中酸汤是苗族地区最有特色的食品之一。

苗族文化还有其他表现形式,例如苗族的神话故事、古歌古词等,从某种意义上来讲,这些"口头文本"承载着苗族的历史文化信息。除

---

① 数据来源:贵州省人民政府网,www.guizhou.gov.cn,多彩贵州-贵州概况-人文。

了苗族文化较为独特以外,贵州其他少数民族的文化也丰富多彩,可以说多元的民族文化是贵州文化的一大亮点。

在贵州的文化体系中,还有许多独具特点的文化,例如屯堡文化、王阳明文化、红色文化等。屯堡文化是明代从江南随军或经商到滇、黔的军士、商人及其家眷生活方式的遗存。明代朱元璋时期,通过"调北征南"和"调北填南",把大批汉人移入今贵州安顺一带。这次移民大抵与卫所、屯田有关,有军屯、民屯、商屯三种形式,其中军屯数量最大。民屯是府、州、县招徕的游民,或实以罪犯编入里甲,就地屯种,他们往往"亲戚相招,缠属而至,日积月累,有来无去"。另外还有一种商屯,募商人于边地"开中",招民屯种,以粮米换取盐引,然后购盐转卖于民①。从某种意义上来讲,明朝屯军贵州,大批汉族涌入,对贵州的政治、经济、文化产生了深远的影响。

屯堡文化不仅是贵州文化的重要组成部分,同时也是追溯贵州汉族族群历史和研究贵州汉族文化的重要线索。在屯堡文化体系中,存在许多独具特色有别于当地其他族群文化的文化特质,例如屯堡人的语言,发音快,并卷舌,形成了独特的"屯堡方言"。屯堡地戏在屯堡文化中占据着重要的地位,它是由傩舞衍生而来,集祭祀、表演、娱乐为一体。关于地戏,民国《续修安顺府志》(卷一六)中《礼俗志·戏剧杂耍》载:"黔中民众来自外省,当草莱开辟之后,多习于安逸,积之既久,武备渐废,太平岂能长保?识者忧之。于是乃有跳神戏之举,借以演习武事,不使生疏,含有寓兵于农之深意。迄今安顺境内,盛行不衰。"②屯堡地戏带有一定的军事色彩。另外,石头艺术也是屯堡文化的一个显著特征,主要表现在屯堡人的民居建筑上。屯堡的民居建造材料主要是石块,几乎所有的房屋、瓦盖、城墙、路桥、街道等都是由石

---

① 史继忠等著:《贵州文化》,呼和浩特:内蒙古教育出版社2006年版,第21页。
② 段志洪、黄家服:《中国地方志集成·贵州府县志辑42》,四川出版集团、巴蜀书社2006年版,第511页。

头构造而成。屯堡村寨街道纵横交错,错落有致,这与明朝屯军的军事目的密不可分。换句话说,屯堡村寨具有一定的军事防御作用。

贵州阳明文化是明代王阳明在贵州讲学、悟道而形成的一道文化图景。王阳明是我国著名的文学家、思想家、政治家、军事家、教育家,他的思想不仅影响着中国的文化,同时也对世界其他地区和国家产生着深远的影响。明武宗正德元年(1506),王阳明被贬到贵州,谪居龙场(今修文县境内),在龙场悟道、讲学,主讲知行合一,以及通向良知之道。王阳明在贵州3年,尝尽了人间的各种苦难,"百难备尝","横逆之加,无月无有",王阳明没有屈服,因势利导教化当地人,同时也受到贵州各民族和政界一些耿介之士的关怀和帮助,他重新体悟《大学》的"圣人之道",形成了自己独特的心学体系①。王阳明在贵州的时间虽说不长,但其心学思想的传播,龙冈书院讲学之风一直影响着贵州教育的发展。

贵州红色文化资源丰富,中国红军长征途中活动时间最长、区域最广、发生重大事件最多的省份之一就是贵州。学者王洪叶认为,红色文化就其发生机制来看,并不是"红色"和"文化"两词的简单相加,而是中国传统文化中的红色寓意与中国历史、经济和思想的有机结合。"红色文化"是指中国共产党在新民主主义革命和社会主义建设时期,领导中国各族人民,以马克思主义为指导结合中国实践所创造的具有中国特色的先进文化,是马列主义、毛泽东思想与中国革命实践相结合的时代产物②。贵州是中国革命的重要阵地,中国共产党所领导的红军长征,途经贵州许多地方,例如黎平、瓮安等地,其中,1935年中共在遵义举行的遵义会议,是一次具有历史转折意义的会议。自红军进入贵州以后,红色革命文化便在贵州不断盛行起来,也成了贵州的文化底色。

---

① 余怀彦主编:《王阳明与贵州文化》,贵阳:贵州教育出版社1996年版,第5页。

② 王洪叶编著:《贵州红色文化资源与地域发展研究》,成都:西南交通大学出版社2015年版,第4页。

第二章　贵州的族群源流与民族文化

- 贵州是多民族省份
- 汉族是贵州的主体民族之一
- 贵州少数民族中苗族人口最多
- 多元的族群源流文化

咏苗族风情[1]

[清] 刘韫良

洒洒风琴隔水听,
素心兰浣露芳馨。
寻春路过奢香冢,
花底樽浇竹叶青。
木香绕屋玉纷纷,
半枕溪流半枕云。
一片鸾吟音断续,
芦笙袅袅月中闻。

---

[1] 冉砚农主编:《我爱贵州诗词选》,贵阳:贵州人民出版社2003年版,第456页。

贵州是一个多民族的省份,就其世居民族而言,主要有汉族、苗族、布依族、侗族等18个民族,这些民族构成了贵州的主要族群体系,是贵州民族文化多样性形成的重要基础。随着社会的发展,以及社会人口流动性的增强,贵州境内新增族群有不断增多趋势。从贵州民族语言来看,主要有汉藏语系汉语、苗瑶语族、壮侗语族、藏缅语族和阿尔泰语系蒙古语族、满—通古斯语族等。

第一节 贵州的汉族源流

汉族是贵州的主体民族之一,使用汉语。就其历史源流而言,可以追溯至秦汉时期。当时贵州属"西南夷"之地,即黔中郡、牂牁郡等郡辖地。秦汉两代在加强边疆治理的过程中,通过疆域拓土,推行政治管理,促进了社会人口的流动,贵州的汉族也是在这一时期分不同批次涌入,特别是汉武帝时期,汉人随军进入贵州,并对贵州进行开发和治理。当时,汉代对贵州的治理主要实行"土流并治",以军事治理为主要目标。据《汉书·地理志》记载:"牂牁郡,户二万四千二百一十九,口十五万三千三百六十。"①当时辖十七县,在今贵州境内有且兰、夜郎、鳖、平夷、谈指、毋敛六县,大约有四五万人。东汉时期,移民数量有所增加,据《后汉书·郡国志》载:"牂牁郡十六城,户三万一千五

---

① [汉]班固著,赵一生点校:《汉书》,杭州:浙江古籍出版社2002年版,第559页。

百二十三,口二十六万七千二百五十三。"①可见,到东汉时期,贵州汉人不断增加。

随着汉人的进入,贵州的社会生产生活也发生了新的变化,例如生产工具、生活用品等,在贵州考古中均有这些文物发现,尤其是在贵州的汉墓群,例如赫章可乐汉墓群出土的各种金属制品、兴义万屯的东汉铜车马、兴仁交乐的铜制"摇钱树"、安龙的羊钮铜钟、清镇新桥的朱绘夔纹海潮纹饭盒、平坝马场的硬陶罐、黔西罗布夸的陶乐舞俑、务川大坪的铜提梁壶和铜蒜头壶,等等。这些考古文物既是中原文化进入贵州的表现,也是贵州文化融合的历史见证②。汉代之后,汉人仍分不同时期,不同批次继续进入贵州。唐宋时期,封建中央王朝在贵州设立若干个经制州,汉人在这一时期又大量涌入贵州,并参与社会生产生活,以及军事治理和政治治理。据《旧唐书·地理志》记载,当时锦州有 2 872 户,14 374 口;夷州有 2 241 户,8 657 口;播州有 490 户,2 168 口;思州有 2 630 户,7 599 口;费州有 429 户,2 609 口;溱州有 879 户,5 045 口。户口尽管不甚精确,但绝大多数当是汉人③。唐宋时期,社会经济高度繁荣,社会人口流动性较大,不仅是族群间人口流动性大,同时地域性、跨境性的人口流动性也比较大。

明代时,汉人涌入贵州,规模宏大。明朝通过"南征北调",调集大量军人进入贵州,并在贵州设立卫所。据《明实录》记载:"贵州一省苗仲杂居,国初虽设贵州、新添、平越、威清等十四卫,分布上下,以通云

---

① [南朝宋]范晔著,刘龙慈等点校:《后汉书》,北京:团结出版社 1996 年版,第 999 页。
② 史继忠:《贵州汉族移民考》,《贵州文史丛刊》1990 年第 1 期,第 27—33 页。
③ 史继忠:《贵州汉族移民考》,《贵州文史丛刊》1990 年第 1 期,第 27—33 页。

南之路,而一线之外,北连四川,东接湖广,南通广西,皆苗仲也。"①明代,在贵州全境共设23卫2所,由设置在今贵阳市的都指挥使司总辖。同时,沿各条驿道共设驿69、站28个,以谪戍军士应役。按明代制度,每卫额定5600人,千户所1120人,加上各驿站应役的军士,总计全省驻军在10万以上②。明朝在贵州设立的卫所,后来均成为各地州、市、县的经济、文化等中心,正如《黔志》,所载:"开设之初,只有卫所。后虽渐渐改流,设立郡邑,皆建于卫所之中……"③伴随着明代军队进入贵州后的管治与开发,贵州成为省一级行政单位,并于明永乐十一年(1413)正式建省。从某种意义上来讲,明代在贵州开展军屯、民屯、商屯,一方面是政治统治的需要,另一方面也极大地推动了整个社会人口的流动,促使大量汉人涌入贵州,并为贵州汉族族群的形成和发展奠定了稳定的基础。

  清朝时期,封建中央王朝对贵州实行"改土归流",并开辟苗疆,"新疆六厅"[古州厅(今榕江县)、八寨厅(今丹寨县)、台拱厅(今台江县)、丹江厅(今雷山县)、都江厅(今三都水族自治县)、清江厅(今剑河县)]由此而设。随着清代对贵州"生苗"地区用兵和开发,随之而来的是大量的人员流动,以及汉、苗、仲家等族群间的不断互动。明朝的"南征北调",清朝的"归土归流"与开辟"新疆六厅",成为贵州汉族形成和稳定发展的基石。明、清两代贵州的汉族移民有着不同的特征,此点在汉人与土著人的关系中可以得到印证。这种民族关系可以从四个方面加以探讨:一是中央政府与少数民族地方行政机构——土

---

  ① 贵州省民族研究所编:《〈明实录〉贵州资料辑录》,贵州:贵州人民出版社1983年版,第1053页。
  ② 古治康:《论汉族移民在贵州开发中的作用》,《贵州民族研究》1993年第1期,第33—36页。
  ③ [明]王士性纂、吕景琳点校:《广志绎》,北京:中华书局1981年版,第133页。

司的关系;二是汉族移民与土司的关系;三是少数民族群众与中央政府的关系;四是少数民族群众与汉移民群众的关系。从明、清两代对贵州用兵的主要目的来看,明代主要是出于军事防务需要,清代主要基于财政需要①。明、清之后,由于战争、自然灾害、经济建设、社会发展等因素,大量汉族及其他少数民族同胞不断涌入贵州,贵州民族主体不断向多元化方向发展,贵州文化也因此呈现出多样性特征。

关于汉族与少数民族的识别,我国著名社会学家费孝通先生认为:(一)迁居到少数民族地区去的汉人,前后有若干批。早去的汉人曾经长期和内地隔绝,相比后去的汉人,在语言、风俗习惯上有一定的区别,一部分被列入少数民族中,如贵州的穿青。(二)有些汉人虽然迁居到了少数民族地区,且保留着汉族的特点,但是并不知道自己是汉人,而以当地其他人称他们的名称作为自己的民族名称,被列入少数民族中。(三)由于长期大杂聚与封建统治,少数民族被认作汉族。② 贵州的"屯堡人"亦是如此,即汉人被他称。"屯堡文化的载体是'屯堡人','屯堡人'是明代屯戍于贵州平坝、普定等卫所屯军后裔特有的称谓"。③ 从某种意义上来讲,"屯堡人"是明朝时汉人大规模移入贵州的集中体现,他们在语言腔调、生活习惯、服饰穿着、建筑风格等方面都与贵州土著民族有一定的区别,随着时间的推移和社会发展,民族间产生文化交流和文化采借,族群内部文化结构和外在表现形式发生变化是一种必然态势。

总的来讲,汉人进入贵州主要经历以下几个重要时期:一是秦汉时期,封建中央王朝在贵州设置郡县,即黔中、牂牁等郡,汉人进入贵州;二

---

① 罗康隆:《明清两代贵州汉族移民特点的对比研究》,《贵州社会科学》1993年第3期,第104—108页。

② 费孝通:《关于我国民族的识别问题》,《中国社会科学》1980年第1期,第147—162页。

③ 翁家烈:《屯堡文化研究》,《贵州民族研究》2001年第4期,第68页。

图 2-1 安顺鲍家屯古建筑

图 2-2 安顺鲍家屯古巷子

是唐宋时期,封建中央王朝在贵州设置经制州,并派兵驻守贵州,汉人不断涌入贵州;三是明清时期,明朝通过"南征北调",大量派兵驻守贵州黔中一带,通过军屯、民屯、商屯,不断控制贵州,开发贵州,贵州也在明代(1413年)正式建省。清朝时期,通过对贵州实行"改土归流",开辟苗疆,设置"新疆六厅",进一步加强对贵州"生苗"地区的控制。可以说,明清时期是汉人进入贵州最为集中,规模最大的时期,为贵州汉族的形成和发展奠定了基础。进入贵州的汉人带来先进的生产生活方式,对贵州的社会经济起到了积极的推动作用。费孝通先生认为:"汉族继续不断吸收其他民族的成分日益壮大,而且渗入其他民族的聚居区,构成起着凝聚和联系作用的网络,奠定了以这疆域内部多民族联合成的不可分割的统一体的基础,形成一个自在的民族实体,经过民族自觉而称为中华民族。"[1]汉族作为贵州的主体民族之一,其先进而丰富多样的文化也是"多彩贵州"文化底色形成的重要基础。

第二节 贵州的主要少数民族及其文化

一、回族及其文化

目前学界普遍认为,13世纪随着成吉思汗西征,大量的中亚人、突厥人、波斯人、阿拉伯人东迁至中国,此时是回族形成的准备时期,东迁的回族人主要包括降将和贵族及其部属、军士、工匠、伊斯兰教宗教职业者、科技人才及医生、随军的妇孺、商人,等等[2]。关于回族何时进入贵

---

[1] 费孝通:《中华民族的多元一体格局》,《北京大学学报(哲学社会科学版)》1989年第4期,第1—19页。

[2] 回建:《中国散居回族经济发展研究》,北京:中国经济出版社2009年版,第16页。

州,学界尚存在一些争议,有学者认为在清代,有学者认为在明代,有学者认为在元代,等等。保健行先生通过相关历史史料研究,认为回族进入贵州的历史可追溯至元代。保健行先生认为:"远在南宋宁宗嘉定十二年(1219),成吉思汗开始西征,随着战争的胜利,大批的中央亚细亚各族人、波斯人和阿拉伯人被迁徙到东方来,他们中有军士、工匠和一些知识分子、上层人物等,以后又来有一些从事贸易的商人。"[1]这些人,成为以后形成回族民族成员的基础。同时保健行先生认为,元代在今贵州威宁地区设立乌撒路,并派军队和官员进行管理,其中既有蒙古人,又有回族人。可见,元代时回族已进入贵州毕节地区。回族最早进入的是贵州毕节威宁,然后向东和东南地区推移至今安顺、兴仁、贵阳等地。清朝时期,封建中央王朝对贵州实行"改土归流",不断开辟贵州"生苗"地区,部分回族商人也在这一时期进入贵州。目前,回族主要分布在毕节市威宁彝族回族苗族自治县、六盘水市、黔西南布依族苗族自治州兴仁市和兴义市、安顺市平坝区和普定县、贵阳市、遵义市等地。

  贵州回族主要使用汉语汉字,也保留着一些阿拉伯语和波斯语。回族人民从事农业、经商等活动,其饮食习惯仍保持原有传统,定期到清真寺参加伊斯兰教活动。贵州回族清真寺的历史悠久,自回族进入贵州以后,不断修建清真寺,例如光绪十八年(1892),兴仁县回族在鲁础营回族乡三家寨修建清真寺,由杨云鹤首任教长,并培养宗教职业人才,同时重视汉语教学。一些回民聚居地,如安顺市平坝、黔西南布依族苗族自治州普安县青山镇兴办清真小学等,这些教育对传承和弘扬回族文化具有重要的作用。贵州回族丧葬习俗有三个特点:"即土葬、速葬、薄葬。土葬是不用棺椁。为亡人洗大净后,穿上'卡凡',举行殡礼,抬往墓地,放入坟坑,解下腰上系的带子即可。速葬是最多只

---

[1] 保健行:《回族是何时迁入贵州的》,《贵州文史丛刊》1982年第1期,第61—63页。

能停尸三天就要埋掉,一般是早上死晚上即埋,头天死第二天即埋,体现'入土为安'之意。薄葬是无论死者是什么人,不分贵贱贫富和社会地位高低都是同样礼仪,且不陪葬任何物品。"① 贵州回族丧葬文化独具民族特点。贵州回族的通婚习俗主要包括同宗不婚配、交表婚配(亲上加亲)、同辈婚配、族外婚配要入教(加入伊斯兰教)等②。贵州回族节日主要有开斋节、圣纪等,一般而言,回族开斋月在穆斯林教历的9月,斋戒月期间,每天自破晓至日落都不饮不食,俗称"封斋"或"把斋"。开展斋戒主要是敬畏真主,锤炼自我意志。圣纪是穆罕默德诞生的纪念日,时间一般为穆斯林教历每年的3月12日,举行圣纪活动主要是纪念穆斯林先知穆罕默德,以及宣扬他的高尚品德和丰功伟绩。贵州回族的语言和文字,主要采用汉语和汉字,一般的宗教活动主要采用阿拉伯语言和阿拉伯文字。回族的服饰分为日常服饰和阿訇服饰,男性头戴圆帽,妇女戴头盖,按照伊斯兰教规定,妇女除手足以外,其他身体部位均应遮盖。贵州回族的建筑物除了清真寺建筑以外,其他与贵州当地传统建筑基本相似,主要是土木、砖木、混凝土等建筑,其风格遵从自然简洁原则,崇尚经济实用,反对铺张浪费。总体来说"贵州回族民居建筑具有空间性、艺术性、社会性、宗教性特点"。③

二、苗瑶语族族群及其文化

(一) 苗族

贵州除了汉族以外,苗族人口最多,同时贵州也是我国苗族人口

---

① 贵州省民族事务委员会:《多彩民族风 贵州十七世居少数民族简况(内部版)》2006年版,第53页。
② 马良灿,刘砺:《文化变迁视野下贵州回族的通婚及其礼仪规则探析》,《贵州大学学报(社会科学版)》2014年第4期,第79—85页。
③ 纳光舜:《贵州回族建筑艺术研究》,贵阳:贵州民族出版社2016年版,第120页。

最为集中的地区。贵州苗族可以追溯至"九黎""三苗""南蛮",换言之,"九黎""三苗""南蛮"是贵州苗族的先民。据历史学家们及苗族学者考证,早期苗族先民主要生活在黄河中下游流域,由于受战争的不断影响才逐渐向南和向西迁徙,贵州苗族是"九黎""三苗""南蛮"等部落战败后,不断迁入贵州的群体。关于苗族的族源问题,目前学界认为,苗族的祖先可以追溯到与炎帝、黄帝齐名的蚩尤,及蚩尤统领下的"九黎",及后来的"三苗""荆蛮""武陵蛮",及"五溪蛮"等。根据相关史料研究,炎帝、黄帝、蚩尤生活于黄河流域,后来炎帝、黄帝联合,在涿鹿战败蚩尤。《史记·五帝本纪》:"蚩尤作乱,不用帝命,于是黄帝乃征师诸侯,与蚩尤战于涿鹿之野。"蚩尤战败,其部落南迁,一部分来到长江以南,分化为南方苗族、黎族、瑶族等少数民族。

在《越绝书》:"蚩尤,少昊之末,九黎之君。"①指出蚩尤在少昊之后,蚩尤是"九黎"部落的首领。《国语·楚语》:"九黎,黎氏九人,蚩尤之徒也。"②根据相关文献记载,当时的"九黎"有九个大的部落,其下又有九个小的氏族部落,所以有"九黎八十一兄弟"之称,他们都是蚩尤的后裔,善于制造兵器,如兵杖、刀、戟、大弩等,骁勇善战,实力强大。《龙鱼河图》:"蚩尤摄政,有兄弟八十一人。""造立兵杖、刀、戟、大弩,威震天下。"③章太炎曾说:"蚩尤为苗族豪酋,则历史言苗者始此。"蚩尤骁勇善战,《史记·五帝本纪》中记载:"轩辕之时,神农氏世衰,诸侯相侵伐,暴虐百姓,而神农氏弗能征,于是轩辕乃习用干戈,以征不享。诸侯咸来宾从,而蚩尤最为暴,莫能伐。""黄帝乃征师诸侯,与蚩尤战于涿鹿之野,遂杀蚩尤。"蚩尤部落战败过后,一部分人融入

---

① 王明信、可永雪:《史记研究集成(第7卷)·史记人物与事件》,北京:华文出版社2005年版,第8页。
② [春秋]左丘明撰,鲍思陶点校:《国语》,济南:齐鲁书社2005年版,第275页。
③ 石朝江、石莉:《中国苗族哲学社会思想史》,贵阳:贵州人民出版社2005年版,第2页。

炎黄，另一部分人南迁至长江中下游一带建立"三苗国"。《尚书·吕刑》曾这样记载："三苗，九黎之后。""三苗"是苗族先民。秦代，秦始皇吞并六国过后，实现了诸侯争霸后的第一次统一。为了巩固统治，秦代在全国范围内推行郡县制，把全国划分为三十六个郡。《后汉书·南蛮传》："秦昭王使白起伐楚，略侵南蛮，始置黔中郡。汉兴改为武陵郡。"当时的黔中郡泛指今天的湘西以及黔东地带。到了西汉时期，则将黔中郡改为武陵郡，《后汉书·南蛮传》："光武中兴，武陵蛮特盛。"根据史学家伍新福先生考证，"武陵蛮""五溪蛮"是苗族先民，苗瑶不分，自两汉以后苗族和瑶族开始分离，到了唐宋时期，苗族成为单一称呼"苗"。① 在元、明、清时期，封建中央王朝习惯将西南边陲的少数民族称之为"南蛮"，又将"南蛮"划分为"生苗"和"熟苗"。"生苗"泛指中央王朝难以控制的地区，或尚未被列入中央王朝户籍管辖之内的区域。而"熟苗"往往指受中央王朝政治、经济、文化影响较大，或被编入中央王朝户籍制度之内的区域。关于"生苗"和"熟苗"的来源，也有相关史料记述。如明郭子章《黔记》中记载："近省界（即经制府、州界）为熟苗，输租服役，稍同良家，则官司籍其户口，息耗登于天府。不与是籍者为生苗。"在清陆次云《峒溪纤志》也有记载："近为熟苗，远为生苗。"而民国《贵州通志·土民志》则这样记述："苗有土司者熟苗，无管者为生苗。"由此可见，"生苗"与"熟苗"也是相对的，其关键在于是否被纳入封建中央王朝的户籍制度，以及是否与中央王朝有深度来往等。清朝"改土归流"之后，不断开辟苗疆，苗族人民生活的区域基本被固定下来，尽管会受战事或商贸活动影响，但总体上没有太大的变化。苗族人民主要生活在祖国的西南边陲，如贵州、湖南、湖北、云南、广西等地区。据2010年第六次全国人口普查统计结果显示，贵州苗

---

① 石朝江、石莉：《中国苗族哲学社会思想史》，贵阳：贵州人民出版社2005年版，第10页。

族总人口数为396.84万人,占全省人口的11.42%,占全省少数民族人口的31.63%。就贵州苗族人口分布情况而言,可以说全省境内均有分布,其中尤以黔东南苗族侗族自治州、黔南布依族苗族自治州、黔西南布依族苗族自治州、松桃苗族自治县等地最为集中。

贵州苗族文化内容丰富多彩,主要表现在苗族的建筑文化、服饰文化、婚姻文化、丧葬文化、节日文化、音乐舞蹈文化、饮食文化等方面。贵州苗族建筑文化的外在特征主要表现为全木结构、土木结构、混凝土结构,其中全木质结构"吊脚楼"是苗族的一道建筑文化风景。"吊脚楼"的形成与苗族人民生活的地理环境息息相关,"吊脚楼"上层住人,下层圈养牲畜或存放杂物。贵州苗族方言存在三大方言区,即东部方言区、中部方言区、西部方言区,即使同属一个方言区,其内部又存在许多支系。苗族支系繁多,且差异性较大,所以其服饰文化也呈现多样性特征。有学者根据苗族内部各支系的服饰特征来对苗族进行划分,可分为白苗、青苗、红苗、黑苗、喇叭苗等。

费孝通先生在贵州调查时认为,贵州苗族内部又有很多名称,主要分为黑、白、红、青、花五种,这些名称是根据他们妇女服色来区别的。其中,黑苗穿的是一种深紫色的衣服,因其远望去是黑黝黝的,所以称之为黑苗,他们分布在黔东一带;白苗妇女的裙子上有一圈是白色的,分布在黔中;红苗在黔东北松桃一带;青苗穿青布衣裙,在贵阳附近;花苗的男女都披绣着花的衣肩,在贵州毕节市赫章县、威宁县一带。此外又有从他们住处称呼的,如"高坡苗"①。贵州苗族服装基本采用传统制作技艺,特别是妇女服饰,既有刺绣工艺、又有蜡染工艺,例如苗族的"百鸟衣"等,基本上都是纯手工制品。苗族喜配银饰项圈、凤冠、耳环、手镯等,一方面是美饰靓丽,另一方面也是财富的象征。

---

① 费孝通等著:《贵州苗族调查资料》,贵阳:贵州大学出版社2009年版,第4页。

图 2-3　榕江脚车苗寨

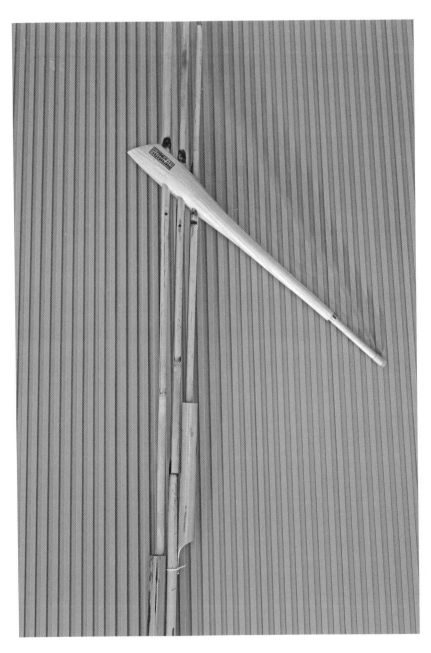

图 2-4 苗族芦笙

贵州苗族的婚姻习俗相对传统,但随着社会的发展,其婚姻文化也发生了一些变化,例如婚恋方式自由化和多样化、婚庆仪式现代化,等等。贵州苗族丧葬主要采取土葬,对非正常的死亡采取火化方式,部分苗族地区还实行悬棺葬、岩棺葬等。贵州苗族节日主要有苗年、鼓藏节、姊妹节、四月八等。音乐方面,主要有苗族古歌、苗族情歌、苗族丧葬歌、苗族酒歌等。舞蹈方面,主要有苗族芦笙舞。饮食方面,苗族主食以大米、木米、土豆、小米为主,其中酸汤是贵州苗族饮食文化的一个重要特点。制度文化方面,苗族传统有鼓社制、议榔制、理老制等。

(二) 瑶族

瑶族进入贵州主要是在明清时期,由桂、粤等地瑶族分不同时间段、不同批次进入今贵州黔东南苗族侗族自治州从江县、榕江县、丹寨县、黎平县、麻江县,黔南布依族苗族自治州荔波县、都匀市、三都县,黔西南州布依族苗族自治州望谟县等地。有学者从服饰特征等角度将瑶族划分为"蓝靛瑶""白裤瑶""青裤瑶""长衫瑶"等。2010年,据全国第六次人口普查统计显示,贵州全境瑶族人口总计4万多人。贵州瑶族主要散居在崇山峻岭之中,并与其他民族同胞大杂居,他们以种植业为主,以大米、玉米、小麦等为主食。

贵州瑶族民居多建在山腰或山脊上,属于典型的山地建筑风格。民居构造风格一般都是"干栏式"建筑,各地风格迥异,基本上是由过去的"草房"和"杈杈房"发展到现今的砖木结构的瓦房,以及砖、木、石混合结构的楼房,瑶族"干栏式"建筑在功能上以楼上层住人,楼下关养牲畜,中层煮饭、吃饭、烤火[1]。贵州瑶族服饰的整体特点是:男女

---

[1] 李平凡、颜勇编等:《贵州世居少数民族简明知识读本》,贵阳:贵州大学出版社2020年版,第160—161页。

图 2-5 望谟油迈瑶寨

服饰普遍以青蓝布为主,夏单冬夹,主要用深色调,显现了瑶家人拙朴、凝重、内敛的审美取向。男性服饰多用青色土布包头,衣着一般是对襟或右衽短衣,铜扣、布扣或无扣,下身穿宽脚长裤或及膝灯笼裤("白裤瑶"),扎腰带,绑腿,捆头巾;女性服装有三种类型:一是大襟上衣配裤子;二是无领短衣配百褶裙、裹腿;三是无袖贯首型褂子(背牌装),两侧不缝合,腰束长带,下配百褶裙、裹腿。头饰有包布巾的,有支架高耸、覆以锦巾的,也有插银簪片的,等等。儿童服饰比较简单,色彩单调;青年服饰明快艳丽;中年人服饰朴实素雅,风格稳重大方;老年人服饰平淡简朴①。贵州瑶族节日主要有盘王节、卯节、陀螺节等,其中盘王节较为盛大,主要是纪念瑶族祖先"盘王"。丧葬习俗方面,瑶族实行土葬、岩洞葬等葬式。

贵州瑶族传统体育项目丰富多样,其中,竞技类有荔波县瑶山的"打陀螺"、麻江县河坝的"摔跤";健身娱乐类(也称表演类)有"猴鼓舞""长鼓舞""打猎舞""芦笙舞""舂杵舞""跳芦笙""板凳舞"七项,其中的"芦笙舞"是贵州三都、黎平、从江等多个地方的瑶族都有的传统体育运动项目;惊险类有榕江瑶族的"踩红犁"及从江瑶族的"上刀山、下火海";传统武术类有黎平的"瑶族武术",从江瑶族的"五尺棍"②。贵州瑶族体育项目繁多,形式多样。铜鼓文化是贵州瑶族文化的重要组成部分,"铜鼓在贵州瑶族生活中是权威的象征,是富有的标志,是通神的'重器',欢乐的乐器"③。贵州瑶族音乐主要有情歌、丧葬歌、祭祀歌、山歌等;舞蹈主要有"猴鼓舞""长鼓舞""打猎舞";工艺美术方面,主要有竹编、藤编、蜡染等,以竹编工艺为主。因瑶族崇尚竹,在瑶

---

① 覃会优:《田野调查实录系列——贵州瑶族服饰文化》,《黔南民族师范学院学报》2015 年第 2 期,第 125—128 页。

② 吴燕、周大坤、冯霞:《贵州瑶族传统体育文化内涵的研究》,《贵州民族研究》2015 年第 5 期,第 58—61 页。

③ 黄海:《贵州瑶族的铜鼓文化》,《贵州民族研究》1988 年第 4 期,第 26—31 页。

族村前寨后都蓄有成片竹林,所以有"无竹不成瑶"之说。当儿童进入学龄时,老人要为其栽种楠竹,并令儿童环绕楠竹慢跑,取"抱子(竹)发孙(笋)""发子(竹)发孙(笋)"之意。瑶族崇尚竹与人口繁衍意识有关。

贵州瑶族大多使用本民族语言进行日常交流,瑶语在语法上与苗语相近,因此有学者把苗族和瑶族划分为同一个语族,即苗瑶语族。瑶药有十分悠久的历史和丰富资源,瑶族药浴是人民生活中不可缺少的生活习惯,贵州"瑶浴"的形成和发展与瑶药密切相关。瑶族传统村落至今仍保留着传统的"瑶老制""石牌制"等社会组织制度,这些传统组织对维系瑶族社区的社会稳定和谐及经济发展起到积极的促进作用。

(三) 畲族

贵州畲族自称"哈萌",1996年6月经贵州省人民政府识别认定为"畲族",在此之前被称为"东家",意思是从东边来的人。畲族先民主要在明朝时从江西一带迁入贵州黔东南、黔南等地。从畲族的分布情况来看,主要集中在今贵州麻江县、凯里市、福泉市、都匀市等地,据2010年第六次人口普查统计显示,贵州境内畲族人口总计约3.66万人。

关于贵州畲族的族源问题,王星虎从官方史料、民间家谱碑文、迁徙地域等进行探讨,认为"东家人"的历史变迁如下:上古时代,属九黎部落;夏商后,属三苗族群,共居于洞庭湖、"五溪"一带;战国时,属楚国部族,因战争原因,渐向黔中郡西南迁徙,合并为夜郎族群;到晋代时已散布今川、滇、黔地域,并与苗族、仡佬族等民族共同生活;唐宋时期,为播州、水东等羁縻州领地民族,属"五溪蛮"族群,并与仡佬族、绕家(今瑶族)及南上的仲家(今布依族)交往;宋元时期,因八番顺元路(今贵阳一带)治下的程番(今惠水)、新添(今贵定)等处战事频发,被迫东迁至都云(今都匀)、麻峡(今麻江)、平月(今福泉)、黄平、凯黎(今凯里)等处①。畲族在迁徙的过程中,既有融入其他民族群体的可能性,也有吸纳其他族群的可能性。贵州畲族保留着自己本民族语言,在族群内部日常生活中常常使用本民族语言进行交流。贵州畲族主要以种植业为主,如种植水稻、玉米、小麦等。婚姻方面,畲族实行一夫一妻制,随着社会的发展,其婚姻观念、婚恋方式现代化,婚姻仪式现代化;丧葬方面,畲族实行土葬,六十岁以上老人正常死亡,遵循送终、送猪、喊饭、开路、安葬等程序。

贵州畲族服饰文化方面,女性盛装仍具民族特点,例如女子上装是右衽大弯襟青蓝土布硬边花衣,在背、肩、胸、右弯襟和袖口处多镶花边,配缠青蓝布腰带或拴花围腰,下装为旧式普通长裤,裤管口镶有花边,鞋为高鼻船形绣花鞋。畲族姑娘梳甩独辫于脑后,用丝绸线捆扎两端,而已婚妇女则将头发盘于脑后,并插上银簪等②。从畲族女性服饰特点来看,仍具传统性和民族性。随着社会发展,畲族服饰也已男女便装,与汉族等民族服饰相似。贵州畲族传统村落可以分为平坝型、山麓型、半山隘口型、山洼型四种类型,畲族建村寨主要依据生态要素、风水要素、宗族要素,实现村落社区秩序稳定和谐传统有议榔制度、寨老制度③。贵州畲族的节日主要有祭祖节、四月八等;音乐方面,主要有山歌、情歌、酒歌等;舞蹈方面,主要有粑槽舞。

---

① 王星虎:《贵州畲族的渊源、迁徙与分布关系考》,《三峡论坛》2016年第1期,第18—22页。
② 王娴:《贵州畲族服饰文化内涵探析》,《理论与当代》2014年第9期,第49—50页。
③ 曾祥慧、周真刚:《贵州畲族村落的类型与管理研究》,《贵州民族研究》2017年第12期,第76—80页。

三、壮侗语族族群及其文化

(一) 布依族

布依族是一个具有悠久历史文化的民族,其先民可追溯至古代的"百越""西南夷"等。

从布依族的族源历史来看,其先民主要源自"百越""西南夷""濮越人""俚僚""仲家"等古代族群。从语系上来讲,布依族属汉藏语系壮侗语族。从人口分布空间来看,布依族主要分布在我国贵州、云南、四川、海外东南亚等地,其中贵州是布依族最为密集的聚居地。目前,贵州布依族存在三大方言区,即黔南土语区(亦称第一土语区)、黔中土语区(亦称第二土语区)和黔西土语区(亦称第三土语区)。2010年,据第六次全国人口普查统计,全国布依族人口总计2 870 034人,男性1 455 720人,女性1 414 314人,其中贵州布依族有2 510 565人,占全国布依族人口的87.48%,占全省人口的7.23%,占全省少数民族人口的20%。贵州布依族主要聚居在黔南布依族苗族自治州、黔西南布依族苗族自治州、安顺市的镇宁布依族苗族自治县和关岭布依族苗族自治县及紫云苗族布依族自治县、贵阳市的花溪和乌当及白云等区县、六盘水市的水城县、六枝特区等县市。总体来讲,布依族主要分布在贵州的南部和西部。

贵州布依族服饰丰富多样,男装服饰款式相对单一,女装主要有裤装和裙装两种,并且女装服饰工艺精美,例如纺织、挑花、刺绣、蜡染等。布依族在服饰着装上也有一定的讲究,他们主要根据性别、年龄、婚丧、节庆等场合进行着装。例如,贵州省六盘水市水城区的布依族女性服饰,根据不同场合和节气,将服饰分为五个等次:特等装,上身为暗花黑缎团花衣服,衣襟长至腹下。头上插"凤冠"(布依族称为"银花"),其主要样式有喜鹊登梅、彩蝶戏牡丹、双凤朝阳等,这些样式一般都是由布依族银匠制作。一等装，头饰与特等装差不多，只是不插凤冠，即插一朵小巧玲珑的银花，少女少妇仍戴银勒和竹节形耳环。服饰花纹图案与特等装差不多，只是上衣用自纺自织的紫青色细布制作。这种衣服以8件为一套，穿戴时黑白叠衬，由内到外，一件比一件长一分。大多是姑娘出嫁，或别家接亲请去当接亲婆，或结婚后娘家第一次接去过大年（春节）时穿用，平时不穿。二等装，衣裙和银饰与一等装差不多，但一套衣裙只有四件。大领不用缎子而改用朱红布或深红布镶边。三等装，它是平时的会客装，大多在夏秋天气炎热的季节，少妇、姑娘们赶场、社交和走亲访友时穿用。四等装，亦称"当家衣"，一般在劳动或平时在家里才穿①。从这些不同等次的服饰，可以看出贵州布依族对自身着装有着特定的要求和特殊的讲究，他们既考虑着装的舒适性，也注重着装的礼节性。

  黔西南布依族苗族自治州是布依族的聚居地之一，也是布依族服饰文化亮点，其服饰制作工艺不仅精美，而且多样，主要有色织、蜡染、扎染、挑花、织锦等。其中，色织包括纺纱、练染、编织三个环节；蜡染主要包括以下几道工序：练布、设计底样、点赔、染色、脱蜡、清洗等，使用的材料主要有棉布、毛、麻丝等天然织物以及蜜蜡、石蜡、蓝靛，使用的工具主要有铜刀、铜笔、瓷碗、染缸等；织锦工艺流程主要是纺纱、纺线、染色、倒线、牵线、装箱、滚线等②。贵州省安顺市镇宁县、关岭县和六盘水市六枝特区交界处的扁担山区布依族妇女的服饰主要有三种，即素装、百褶裙装、红装。贵州境内布依族不同土语区的服饰文化也存在一定的差异性，也正因为存在差异性才造就了布依族服饰文化的丰富性和多样性。

  贵州布依族粮食主要以种植水稻、玉米为主，其经济生活方式

---

① 周国茂：《布依族服饰》，《艺文论丛》1996年第4期，第42—59页。
② 池家晗：《黔西南布依族服饰制作工艺分析》，《兴义民族师范学院学报》2018年第4期，第1—4页。

也在随着时代的变化而不断重构,既有传统的农业经济文化类型,也有现代化的商业文化图景。贵州布依族建筑形式多样,从民居外部看,主要有石板房、茅草房、夯土房、吊脚楼等;从民居的地理位置看,主要有水边居、山地居、屯保居、崖洞居等;从民居的内部结构看,主要有穿斗式、井干式、抬托式、绑扎式等。从总体上来讲,它既包括了早期的干栏式建筑,又包括了改造后的吊脚楼和石板房①。随着时代的发展,贵州布依族聚居区也增添了一些砖混结构的现代建筑物。

贵州布依族实行一夫一妻制,其婚姻程序基本上遵循恋爱、择偶、订婚、结婚等程序。与过去相比,贵州布依族婚姻观念已有很大的改变,例如恋爱方式多样,择偶半径扩大,婚姻仪式多元,等等。丧葬文化方面,贵州布依族主要实行土葬和火化,其流程大致有入殓、祭奠、出殡、安葬等程序。一般而言,布依族在安葬死者前,都会请阴阳先生择吉日、号龙脉、选墓地等,这样做一方面是趋利避害,祈求族人安康;另一方面祈求家族子孙后代,一代比一代繁荣富贵。

贵州布依族传统节日主要有"三月三""四月八""六月六"等,除此之外,贵州布依族同其他民族一样,同样也过春节、端午节、中秋节等节日。布依族传统音乐主要"八音古乐","八音"主要由竹筒琴、月琴、短笛、芒锣、兜锣、小钗、小鼓、唢呐八种乐器组成。布依族的舞蹈主要有织布舞、龙舞、转场舞、铜鼓舞等。

(二) 侗族

侗族属于古代"百越""骆越""于越""僚人"等族群的后裔。明代邝露《赤雅》:"侗亦僚类,不喜杀,善音乐,弹胡琴,吹六管(即芦笙)。

---

① 王娴:《浅议布依族民居建筑类型与构成要素——以贵州为例》,《史志学刊》2014年第3期,第114—117页。

长歌闭目,顿首摇足,为混沌舞(即芦笙舞)。僚之有侗,犹壮之有大良也。"①民国学者刘锡蕃《岭表纪蛮》:"狪族,或以为仲人,或以为獠人之支派,其说颇不一,其体质较诸蛮为弱,其散布地点多,多杂居于苗族聚落之内,其姓氏以潘、石、唐、李为最多。"②汤宗悟认为侗族源流大致是:古越人一支——"五溪蛮"(或"僚")——"伫伶""伫偘"——"峒人"(峝人,峝蛮)——侗③。

侗族著名学者龙耀宏认为侗族与古代东夷中的干越族群有着十分密切的关系④。侗族学者石开忠认为侗族源起古代百越和僚人等族群,即百越——僚人——侗族。同时认为"纯粹的民族是不存在的,我们说侗族是从骆越发展起来的土著民族,是指它的主体,事实上,在它形成和发展过程中,是吸收了其他民族成分的。"⑤侗族的来源和形成与古代"百越"族群有着密切的关系,"百越"族群是侗族的主体来源。

从侗族的居住分布来看,其主要分布在贵州、湖南、广西、湖北等地。其中,贵州省的黔东南侗族苗族自治州和铜仁市、湖南省的怀化市、广西壮族自治区的柳州市和桂林市等地最为集中。2010年,据第六次全国人口普查统计,全国侗族人口总计2 879 974人,男性1 511 959人,女性1 368 015人。其中,贵州的侗族共有1 431 928人,男性750 208人,女性681 720人,贵州侗族人口占全国侗族人口的49.72%,

---

① [明]邝露著,蓝鸿恩考释:《赤雅考释》,南宁:广西民族出版社1995年版,第46页。
② 刘锡蕃:《岭表纪蛮》,上海:上海书店出版社1991年版,第19页。
③ 汤宗悟:《考古发现与侗族族源》,《贵州民族研究》1982年第1期,第49—52页。
④ 龙耀宏:《侗族源于"干越"考》,《贵州民族研究》1987年第4期,第144—150页。
⑤ 石开忠:《试论侗族的来源和形成》,《贵州民族研究》1993年第2期,第75—78,74页。

占全省总人口的4.12%,占全省少数民族总人口的11.41%,主要聚居在贵州省黔东南苗族侗族自治州的各县市,以及铜仁市的玉屏侗族自治县、江口县、石阡县等区县。从语系上来讲,侗族使用的语言(侗语)属于汉藏语系壮侗语族侗水语支,至今贵州侗族仍保留有自己的民族语言,且在日常生活中仍使用侗语作为交流语言。

  贵州侗族的经济生活方式,仍以传统生活方式为主,主要种植水稻、玉米、小麦等农作物,特色饮食文化主要有腌鱼、腌肉、米酒、油茶等,喜爱酸汤。贵州侗族的居住环境主要在依山傍水的地方,沿河谷呈带状分布。侗族人民擅长建筑工艺,其中侗族鼓楼、吊脚楼、风雨桥等既是侗族建筑文化的结晶,也是侗族建筑文化的典型代表。在贵州,侗寨一般以族姓为一个单元,侗寨的建筑通常围绕鼓楼修建,犹如蜘蛛网,形成放射状。如果一个侗寨族姓较多时,那就同时建几个鼓楼并立,如黎平县肇兴侗寨,全寨按照房族分成仁、义、礼、智、信五个自然片,错落有致,颇为壮观,因此被誉为"鼓楼之乡"。鼓楼的建筑造型各异,常见的主要有干栏式、楼阁式、密檐式、门阙式等①。一般而言,鼓楼主要是侗族人民聚众议事的重要场所。除鼓楼外,吊脚楼和风雨桥也是侗族建筑文化的一道亮丽风景。

  吊脚楼是贵州省黔东南地区普遍的一种建筑风格,它与当地的地势和自然生态息息相关,依山而建,其制作原料主要是杉树,一般吊脚楼下层圈养牲畜,上层住人。风雨桥是侗族人民乘凉避雨、迎亲送客、歌唱娱乐等重要场所。与吊脚楼相比,风雨桥的功能和意义相对特别,虽然其制作原材料同样以杉树为主,但其制作工艺较吊脚楼复杂得多,尤其是在雕刻技艺上,可以说是十分精湛。侗族学者石开忠认

---

① 龚敏:《贵州侗族建筑艺术初探》,《贵州民族学院学报(哲学社会科学版)》2012年第1期,第144—147页。

图 2-6 从江侗族鼓楼

056　贵州民族文化与社会发展研究

图 2-7　黎平侗族鼓楼

为侗族风雨桥的形成与自然环境、风水观念、灵魂观念息息相关①。黔东南苗族侗族自治州的黎平县、从江县、榕江县、天柱县、锦屏县的侗族建筑群比较有特色。

贵州侗族服饰文化丰富多彩,制作工艺精美,款式多样,基本上都是纯手工制品。据不完全统计,侗族共有26种服饰,15种绣法的装饰图案,8种纺织工艺。男子服装一般为对襟窄裤式和右衽宽裤式两种;女子服装款式较多,一般分为对襟裙装式、交领左衽裙装式、右衽大襟裙装式,其中最为典型的着装是右衽大襟裙装式。在服饰色彩上,侗族人民喜用紫、蓝、白、青、黑等颜色。首饰主要有头簪、耳环、银梳、手镯等②。

贵州侗族主要实行一夫一妻制,婚恋自由。通婚范围一般是民族内通婚,家族、房族之外通婚,不同辈分不通婚,有转房婚的习俗(即兄终弟及)。婚姻的缔结一般经过婚恋择配、说亲、订婚、讨八字、迎娶等过程③。随着社会的发展,侗族通婚半径不断扩大,既有跨族婚姻,也有跨地域婚姻等。

贵州侗族在丧葬习俗方面,主要实行土葬,火化的形式主要使用于非正常死亡。在举行丧葬仪式之前,一般都请阴阳先生根据死者的生辰八字来选择时辰,以及选择墓地等。这个环节非常有讲究,无论是死者家属,还是阴阳先生都非常慎重,因为侗族人民认为这个环节直接或间接影响着死者家族的未来发展。

贵州侗族的传统节日,主要有"过侗年""萨玛节""吃新节""摔跤节"等。贵州侗族人民也过春节、端午节、中秋节等节日。音乐方面主

---

① 石开忠:《侗族风雨桥成因的人类学探析》,《贵州民族学院学报(哲学社会科学版)》2010年第4期,第37—40页。

② 张国云:《贵州侗族服饰文化与工艺》,苏州:苏州大学出版社2011年版,第4页。

③ 杨筑慧编著,杨宏峰主编:《中华民族全书·中国侗族》,银川:宁夏人民出版社2012年版,第241页。

要有"侗族大歌","侗族大歌"的种类繁多,根据演唱场合、演唱形式、演唱人员等不同,可以分为:"鼓楼大歌""叙事大歌""礼俗大歌""戏曲大歌""男声大歌""女声大歌"等。"侗族大歌"因具有独特的民族性和人类文化遗产价值,2009年被列入世界《人类非物质文化遗产代表作名录》。侗族乐器主要有琵琶、牛腿琴、芦笙、唢呐等。舞蹈主要有芦笙舞。戏曲主要有侗戏。这些传统文化是侗族人民智慧的结晶,也是中华民族传统文化的重要组成部分。

(三) 水族

水族是我国古代"百越"族群的后裔,是"百越"族群中的骆越支系,史称"僚""夷""水家"等,这些都是他称。水族自称为"睢""虽"等。关于水族与"僚"的关系,《赤雅》记载:"水亦僚类,嗜杀过于僚。父子有隙,猖猖反噬,弑父则疾走,得一犬谢母。母亦不恨。"①《赤雅》记述了水族源于僚人。从全国水族分布情况来看,主要聚居在贵州、广西、云南等地。目前,水族仍然保留有自己的民族语言,从语系上来讲,水语属于汉藏语系,水族还保留自己古老的文字,即"水书"。水书涉及水族社会生活的方方面面,因其独具民族性和人类文化遗产价值,2006年被列入国家级非物质文化遗产名录。

从贵州水族的居住分布情况来看,主要聚居在黔南布依族苗族自治州的三都水族自治县、荔波县、独山县、都匀市等地,以及黔东南苗族侗族自治州的榕江县、丹寨县、从江县、黎平县等地。2010年,据第六次全国人口普查统计显示,全国水族人口总计411 847人,男性213 644人,女性198 203人。其中,贵州水族人口总计348 746人,占全国水族总人口的84.68%,占全省总人口中的1%,占全省少数民族

---

① [明]邝露著,蓝鸿恩考释:《赤雅考释》,南宁:广西民族出版社1995年版,第45页。

总人口中的 2.78%。贵州是水族最为聚居的地方。

贵州水族的经济生活方式主要以传统种植业为主,主要种植水稻、玉米、大豆、小米等农作物,是典型的山地农业稻作民族。水族的主食主要以大米为主,另有玉米、小麦、高粱、小米、豆类等;蔬菜主要有青菜、韭菜、白菜、辣椒、萝卜、葱、大蒜、番茄、香菇、木耳、竹笋等;瓜类主要有南瓜、丝瓜、苦瓜、黄瓜;豆类主要有黄豆、扁豆、绿豆、豌豆、豇豆等;肉食以鱼肉、猪肉、牛肉为主;腌制食物主要有腌鱼、腌肉、腌菜;水族人喜欢喝酒,爱吃酸食,酸汤是水族人夏天家中的必备食品①。

按照年龄和性别的不同,贵州水族服饰可分为儿童装、老年装、少女服装、妇女装等。贵州水族服装款式多样,尤其是女性服装,根据不同区域女性服装的特点,可将其分为以下六种类型:第一种类型,主要以三都水族自治县的水龙、三洞、中和、廷牌、恒丰、塘州、阳安等地的水族服饰为代表;第二种类型,主要以三都水族自治县的九阡及荔波县的佳荣、永康等地的水族服饰为代表;第三种类型,主要以三都水族自治县的都江、坝街、羊福等地区的水族服饰为代表;第四种类型,主要以三都水族自治县的丰乐片区及都匀市等地的水族服饰为代表;第五种类型,主要以三都水族自治县的都江镇和黔东南苗族侗族自治州的榕江、雷山等县接境的水族服饰为代表,因受侗族服饰的影响而近似侗装;第六种类型,主要以三都水族自治县的普安,丹寨县的高排、金中等地的水族服饰为代表②。与女性服装相比,男性服装相对简单一些。总体来讲,贵州水族服饰主要以蓝、青、绿、紫、黑颜色为主。贵州水族首饰主要有银制的银花、银项圈、银手镯等,这些银制饰

---

① 韦学纯编著,杨宏峰主编:《中华民族全书·中国水族》,银川:宁夏人民出版社 2012 年版,第 43 页。

② 韦学纯编著,杨宏峰主编:《中华民族全书·中国水族》,银川:宁夏人民出版社 2012 年版,第 45—48 页。

品一般在盛大节庆才会看到。银饰制品的成色、数量代表着社会财富和社会地位。

贵州水族的建筑主要是"干栏式"建筑，依山而建，主要以全木制的吊脚楼居多。水族在建筑房屋时讲究风水、朝向等，其目的主要是祈求幸福安康。在水族村寨，还可以看到许多木制粮仓、晒台、寨门等建筑物。贵州水族的婚姻习俗既保留传统的婚恋习俗，又随着社会发展，出现了现代婚恋方式，每逢佳节，青年男女经常聚在一起对歌传情，自由择偶。水族婚姻自由，实行一夫一妻制。婚姻结缔主要经过以下程序：自由恋爱、派人问亲、请人订婚、迎娶新娘等。在水族聚居地，其择偶范围仍以族内婚居多，但随着社会发展，跨族婚姻和跨地域婚姻也不断增多。水族丧葬主要实行土葬，有时候也实行火化（非正常死亡）。一般而言，遵循报丧、入殓、下葬等程序。例如，当老人去世时，亲人通常守护在身边，一边鸣炮向全村族人报丧，一边派专人向远方的亲友报丧，随后及时请阴阳先生根据死者的生辰八字来择吉日、制作棺材、选墓地等，丧葬仪式相对传统和神圣。

贵州水族传统节日主要有端节、卯节等，同时也过春节、端午节、中秋节等节日。在音乐方面，水族民歌按内容分类，主要有开天辟地歌、迁徙歌、生产歌、风俗歌、酒歌、情歌、丧葬歌、婚嫁歌、庆贺歌等。每一类歌还可分出相关的细目，如情歌可以分为见面歌、分别歌、约会歌、想念歌、订婚歌、逃婚歌、离婚歌等①。水族舞蹈主要有芦笙舞、铜鼓舞等，其他娱乐活动有赛马、斗牛等。

（四）壮族

壮族源于古代"百越"族群中的西瓯、骆越等支系，自称"布壮""达

---

① 潘朝霖主编：《中国水族文化研究》，贵阳：贵州人民出版社2004年版，第435页。

夏""丢送"等。学者史策在研究壮族的族源问题时,认为"岭南地区历史上陆续出现百粤、西瓯、骆越、乌浒、俚、僚、俍、僮、土等族称,它与今天壮族基本上脉络相通,活动地区也大致上与今天壮族分布相同。因此可以断定,历史上这些称谓,就是今天壮族在不同历史时代人们对壮族先民的称呼,随着历史的向前发展而逐渐形成今天的壮民族。"[1]就贵州壮族而言,主要由广西北部壮族迁入。从语系上来讲,壮语属于汉藏语系壮侗语族壮傣语支,当前壮族保留有自己的民族语言,在日常生活中主要通过壮语来进行沟通和表达。2010年,据第六次全国人口普查统计显示,全国壮族人口总计 16 926 381 人,男性 8 689 488 人,女性 8 236 893 人。从人口数量上来看,广西壮族自治区人口最多,共有 14 448 422 人,占全国壮族人口的 85.36%,贵州壮族人口共有 52 577 人。

从全国壮族分布情况来看,主要聚居在广西壮族自治区、云南省、广东省、贵州省、湖南省等省区。就贵州壮族分布情况而言,主要聚居在黔东南苗族侗族自治州的从江县、黎平县、榕江县,以及黔南布依族苗族自治州的独山县和荔波县等地。从贵州壮族生活方式来看,主要以传统农耕为主,种植水稻、玉米、小麦等粮食作物。总体上来讲,壮族经济作物主要有甘蔗、花生、棉、麻、豆类等,禽畜饲养以鸡、鸭、鹅,猪、牛、马、羊为最普遍。壮族山区人民主要吃玉米和其他杂粮,肉食主要是猪、牛、羊、鸡、鸭、鹅等禽畜肉类[2]。当然,随着社会的发展,壮族饮食文化也日益丰富多样。

壮族服饰丰富多彩,具有较强的民族性和独特性。总体来讲,壮族服饰主要呈现以下特点:一是上衣为右衽无领阑干衣,袖宽,衣长一般仅及腰间,亦有一些地方长至膝盖,领口、袖口、襟边以及下摆边

---

[1] 史策:《论壮族族源问题》,《学术论坛》1978年第1期,第117—121页。
[2] 覃国生、梁庭望、韦星朗:《壮族》,北京:民族出版社1984年版,第111页。

缘均镶有各色花边;二是下身穿长裤,裤脚宽大,在膝盖处绣有一大一小的花边;三是裤外套短裙,均用五色绒线绣上花纹图案,也有用蜡染把铜鼓上的花纹图案印在裙上;四是中年妇女头上均挽髻,并有包头的习惯①。从壮族服饰色彩来看,主要是青、黑、蓝等颜色。随着社会的发展,壮族服饰色彩丰富多样,已从过去的相对单一化走向多元化,着装观念也发生了巨大的变化,服装色彩和配饰更是不断趋于现代化,他们会根据自身的审美观念来对服饰进行选择。服饰作为一种文化符号,其产生和发展并非一成不变,每一个民族在其发展过程中,都有一个相对独立的服饰文化变迁史。壮族服饰文化亦是如此,其产生、发展、变迁与自然环境、物质条件、社会文化环境和心理环境等有着密切的关联②。从贵州壮族建筑文化来看,主要以"干栏式"建筑为主,这种建筑主要基于地理环境和舒适度方面的考虑,贵州壮族的建筑风格与黔东南、黔南的苗族、侗族、水族、布依族等民族民居有很大的相似性。

贵州壮族婚恋自由,实行一夫一妻制,其恋爱方式随着社会的发展,日趋多样化,婚姻仪式逐渐现代化。丧葬习俗方面,贵州壮族主要实行土葬,一般要经过报丧、入殓、下葬等程序。贵州壮族传统节日主要有壮年、牛神节、六月十四等,其中,壮年是比较隆重的传统节日,"壮年是贵州从江地区部分壮族的重要节日,当地壮语称为'更将','更'意为'吃','将'即'年',直译为'吃年',也叫'将也益',汉译为'壮年'。农历的冬月(十一月)的最后一天,不管是月大(30天)还是月小(29天),这一天壮语都称作'崴宜久',汉译为'过二九',相当于'除

---

① 石景斌:《壮族服饰介绍》,《中南民族学院学报(哲学社会科学版)》1990年第1期,第26—29页。
② 陈丽琴:《壮族服饰的演变及缘由探论》,《社会科学战线》2008年第3期,第130—134页。

夕'。从这一天起至腊月初十,都是过壮年的时间"①。除此之外,许多壮族地区也过春节、端午节、中秋节等节日。贵州壮族传统歌谣主要有酒歌、情歌、孝歌、山歌等。

(五) 仡佬族

仡佬族作为贵州世居少数民族之一,其历史文化悠久。就其族源而言,可以追溯至古代濮人。据相关史料记载,古代濮人生活在今中国西南地区,如四川、贵州、云南、湖南、广西等地。今贵州境内仡佬族由许多氏族构成,并与诸多少数民族杂居,其内部同样存在许多支系。例如红仡佬、白仡佬、花仡佬、青仡佬、木仡佬、土仡佬、水仡佬、打牙仡佬、打铁仡佬、小披袍仡佬、大披袍仡佬等。各支系在贵州的分布是:红仡佬主要居住在仁怀市、毕节市的黔西市和金沙县及大方县、安顺市的关岭自治县等地;白仡佬主要居住在金沙县、大方县、普定县等地;青仡佬主要居住在仁怀市、遵义市等地;小披袍仡佬主要居住在清镇市、安顺市等地;大披袍仡佬主要居住在六盘水六枝特区,镇宁自治县等地。仡佬族的称谓有他称和自称,例如苗族称仡佬族为"克"或"蒙徕",布依族称仡佬族为"布戎"或"布央",壮族称仡佬族为"布央"或"布徕",汉族称仡佬族为仡佬或古老。仡佬族内部自称为哈仡、布告、濮佬、葛佬等②。事实上,古代濮人是一个集合概念,既有今仡佬族的先民,又有其他族群的先民。换句话说,今之仡佬族源自古代濮人,但古代濮人是一个复合族群,他们同样是现今我国西南地区许多少数民族先民的来源之一。

2010年,据第六次全国人口普查统计显示,全国仡佬族人口共计

---

① 贵州省科技教育领导小组办公室、贵州省民族事务委员会编:《贵州世居少数民族文化名片》,贵阳:贵州民族出版社2013年版,第279页。

② 翁家烈:《仡佬族》,北京:民族出版社1992年版,第2—3页。

550 746 人,男性 289 369 人,女性 261 377 人。其中,贵州仡佬族人口共有 495 182 人,占全国仡佬族人口的 89.91%,占全省总人口的 1.43%,占全省少数民族总人口的 3.95%。从语系上来讲,仡佬语属于汉藏语系。作为贵州世居民族,仡佬族至今仍保留有自己的民族语言,根据贵州仡佬族内部语言的差异性,按其分布地域可分为四种方言,即黔北方言(以仁怀市代表)、黔中方言(以安顺市为代表)、黔西方言(以大方县为代表)、黔西南方言(以六枝为代表)。贵州仡佬族的经济生活方式,主要以传统农耕为主,种植水稻、玉米、小麦、洋芋、高粱、红薯等农作物。随着社会经济发展,贵州仡佬族的经济生活方式日渐多元化,现代经济生活方式不断增多。

  贵州仡佬族的建筑文化主要以传统民居为主,这与仡佬族生活的地理环境息息相关。仡佬族建筑结构既有木制的"干栏式"建筑,也有石块构造的石板房,例如安顺市旧州区陇灰乡、宁谷区宁谷乡等地仡佬族农户的房屋都是用石料砌墙和石板盖房。就盖房的石板而言,主要有两种:一种是规则的石板,其形状十分美观,但这种规整的石板,价格相对昂贵;另外一种是不规则石板,价格相对便宜①。随着社会经济发展和人民生活水平提高,仡佬族聚居地也增添了许多现代性元素的建筑。贵州仡佬族服饰文化至今保留有自己的传统民族服饰,"仡佬族服装为'贯首服',也就是用一块长方形的布,在中间挖个洞,套在脖子上,遮挡前胸和后背,再在腰间用一根绳子束上。后来因为实用性的需要和审美意识的改变,仡佬族又将服装改进为前短后长的样式。"②随着社会的发展,仡佬族的服饰也不断变化,这种变化既采借其他民族的服饰风格,也有因自身审美变化而进行的服饰革新。

---

  ① 陈天俊等著:《仡佬族文化研究》,贵阳:贵州人民出版社 1999 年版,第 70 页。
  ② 贵州省科技教育领导小组办公室、贵州省民族事务委员会编:《贵州世居少数民族服饰经典》,贵阳:贵州民族出版社 2013 年版,第 126 页。

在过去,贵州仡佬族存在姑舅表婚的习俗,但这种习俗随着社会的发展也发生了改变,其通婚半径不断扩大。目前,贵州仡佬族实行一夫一妻制,婚恋自由,婚姻结缔主要经过说亲、订婚、结婚等婚姻仪式。贵州仡佬族丧葬习俗,过去主要实行岩葬、土葬、火葬等。现在主要实行土葬。贵州仡佬族的传统节日主要有"三月三""吃新节"等;除此之外,仡佬族也过春节、端午节等节日。贵州仡佬族歌谣主要有仡佬族古歌、情歌、山歌等;乐器主要有芦笙、铜鼓、笛子等;戏剧主要有地戏、傩戏等。

(六)仫佬族

仫佬族是贵州的世居民族之一,关于仫佬族的来源,目前普遍认为其是土生土长的"柳江人"(今广西境内),而后又与其他族群杂居,并形成新的族群,如"西瓯""骆越",以及后来的"乌浒""僚""伶"等族群。从一定程度上来讲,"仫佬族的先民应是本地土生土长的土著民族衍化而来的,并吸收和融合了汉、壮、侗、苗等民族,在宋元后成为新的民族。在形成的过程中,他们继承了仫佬族先民的社会制度、风俗习惯和族规民约,操仫佬族的语言,同时也吸取了其他民族带来的先进的生产技术和文化,从而在巩固和保存本民族的特征的基础上促进了仫佬族这一社会共同体的进一步发展和繁荣"①。2010 年,据第六次全国人口普查统计显示,全国仫佬族人口共有 216 257 人,男性110 516 人,女性 105 741 人。其中,贵州仫佬族人口有 24 956 人,占全国仫佬族人口的 11.54%。

从贵州仫佬族的分布情况来看,主要居住在贵州省黔东南苗族侗族自治州的麻江县、凯里市,以及黔南布依族苗族自治州的福泉市、都匀市

---

① 路义旭、罗树新编著,杨宏峰主编:《中国仫佬族》,银川:宁夏人民出版社 2012 年版,第 6 页。

等地。贵州仫佬族的经济生活方式主要以农业为主,种植水稻、玉米、小麦、高粱、荞麦等粮食作物,生产工具主要有犁、锄头、镰刀等,当然,现在许多仫佬族地区也添增了一些现代农业生产工具和生产技术,农业产量和质量都较过去有了很大的提升。经济作物主要有花生、黄豆、油菜、蔬菜、甘蔗、棉花、烟草等。过去,这些经济作物主要是自给自足,难以形成产量规模,近年来随着科学技术的发展,许多经济作物生产得到了快速的发展,不仅实现了较好的自给自足,同时部分优质的经济作物已转变为商品,在市场上具有一定的竞争力,这在一定程度上增加了仫佬族人民的经济收入。目前,在仫佬族地区,除传统农业以外,一些地区也逐渐兴起了第二产业和第三产业,为仫佬族人民的经济收入拓宽了渠道。

贵州仫佬族的建筑主要是传统的木制建筑和砖混的现代建筑。传统的木制建筑主要依山而建,从外观上来看,与贵州的苗族、侗族、布依族、水族等传统建筑风格相似,许多建筑材料都是就地取材。贵州仫佬族服饰文化方面,在过去许多服饰材料都是纯手工制作,如布料、染料、刺绣等,服装色彩主要是青、蓝、黑等颜色,衣服相对宽大。仫佬族老年服饰样式相对简单一些,青少年的服饰款式相对多样。一般而言,"仫佬族青少年女性的传统服饰,采用的是右衽大襟衣式样,上衣长及膝部,领部下方镶有一条红色环形布条,腰部镶红色及橄榄绿色布边各一条,袖口处饰两条橄榄绿色边,自左胸至右侧腰间镶有'厂'字形白色边一条。下身为裤装,裤脚镶橄榄绿色、白色边各一条。脚穿扳尖鞋,这种鞋子由鞋底及左右两块鞋帮拼合而成,鞋尖上翘,剪刀口,密针纳成,鞋帮绣有精美的图案。这种服饰线条组合简洁明快,虽与其他民族服饰相比显得过于朴实,但贵在大方得体、沉稳庄重,同时也不失青春活泼之感,反映了仫佬族群众的质朴与勤劳"[①]。随着

[①] 贵州省科技教育领导小组办公室、贵州省民族事务委员会编:《贵州世居少数民族服饰经典》,贵阳:贵州民族出版社2013年版,第248页。

时间的推移,仫佬族的服饰也在逐渐发生变化,许多服装风格和配饰都在不断革新,民族性特征逐渐弱化,现代性元素不断增多。

贵州仫佬族实行一夫一妻制,婚恋自由,婚姻结缔一般经过恋爱、订婚、结婚等程序,婚姻仪式逐渐多元化和现代化。丧葬习俗方面,主要实行土葬。传统节日主要有仫佬年、撵社节、牛寿节等,当然,仫佬族人民也过春节、端午节、中秋节等节日。歌谣方面,主要有古歌、情歌、酒歌等。

(七) 毛南族

毛南族是贵州世居少数民族之一,其先民可以追溯至古代的佯僙人。据清代张澍的《续黔书》及毛贵铭的《西垣黔南竹枝词》等相关史料记载,贵州毛南族(佯僙人)是"盘瓠后裔",孟学华等人认为:一是他们"婚娶以犬相遗";二是他们"衣服制裁皆有尾形";三是他们每年"岁首祭盘瓠"①。贵州毛南族人民形体特征大都为:"贵州毛南族眼裂开度中等,方向上斜型,普遍有蒙古褶,直形鼻梁,鼻翼微突,上唇皮肤高度中等,以突唇为多,红唇厚度适中,耳垂以圆形为主,属圆头型,以超阔面型为主,多为中鼻型,男女身高以矮型为主。"②贵州毛南族主要居住在黔南布依族苗族自治州的平塘县、独山县、惠水县等地区。2010年,据第六次全国人口普查统计显示,全国毛南族人口共有101 192人,男性52 836人,女性48 356人,其中,贵州毛南族人口共有27 332人,占全国毛南族人口的27%。

从语系上来看,毛南语属于汉藏语系壮侗语族侗水语支,目前贵州毛南族的聚居区仍保留自己的民族语言,并使用毛南语进行沟通和

---

① 孟学华、刘世彬:《贵州毛南族(佯僙人)族源考》,《凯里学院学报》2012年第2期,第54—56页。
② 张勋等:《贵州毛南族体质人类学研究》,《黔南民族医专学报》1997年第4期,第8—14页。

表达。从贵州毛南族的建筑发展史来看,最初的建筑主要是木制建筑,许多建房材料都是就地取材,之后有一些地方逐渐出现了石墙、土墙等建筑,随着社会的发展,特别是改革开放以来,贵州毛南族地区的建筑也与时俱进。贵州毛南族的经济生活方式主要以传统农业为主,种植水稻、玉米、小麦等粮食作物,禽类主要为鸡、鸭等。贵州毛南族的服饰总体上呈现以下特点:"一是服饰主要采用自织自染的土布、花椒布为原材料,色调主要以蓝、青等颜色为主,男女服饰均呈现出素雅、美观、大方的特点;二是服饰简洁实用,装饰工艺不追求繁缛华美,图案一致,总体风格趋同;三是服饰集纺织、印染、挑花、刺绣等手工艺术于一体。"[1]随着社会经济的发展,毛南族的服饰也增添了许多新的现代性服饰元素。

贵州毛南族实行一夫一妻制,婚恋自由,婚姻结缔主要经历恋爱、订婚、结婚等程序。丧葬习俗方面,贵州毛南族主要实行土葬,丧葬流程主要经过装殓入棺、开丧、安葬、守孝等环节。贵州毛南族传统节日主要有火把节、桥节等,同时也过春节、端午节、中秋节等节日。歌谣主要有古歌、酒歌、情歌等;乐器主要有唢呐、铜鼓等。

四、藏缅语族族群及其文化

(一) 彝族

中国彝族的来源,学界主要有"东来说""西来说""南来说""北来说""土著说"等。其中"东来说"认为彝族的先民源于古代楚人;"西来说"认为彝族来源于西藏,甚至认为彝族的先民与高加索人种有关;"南来说"认为彝族源于古代越人或僚人;"北来说"认为彝族的先民源

---

[1] 孟学华:《田野调查实录系列——贵州毛南族服饰文化》,《黔南民族师范学院学报》2015年第5期,第125—128页。

于古代羌人;"土著说"认为彝族原本就生活在中国西南地区。学者普忠良认为:"彝族自古以来就生活在中国西南地区,彝族的主源是西南地区土著人,先秦时期的彝族自称'宜''尼',汉文献讹称为'夷',今天滇、川、黔、桂、渝等地的彝族均发源于中国西南或云南。"①目前普遍认为彝族源于我国古代羌人与西南土著人,彝族是古代羌人和西南地区土著人交往、交流、交融的结果。

彝族有自己的语言和文字,从语系上来讲,彝语属于汉藏语系藏缅语族彝语支。彝语内部可以划分为六大方言,即东部方言、东南部方言、中部方言、南部方言、西部方言、北部方言,其方言内部同样存在许多次方言和土语。彝族有自己的文字,但目前尚无法考证彝文产生的确切时间。彝文被称为"爨文""罗文""倮文"等,彝族自称其为"诺苏补玛""乃苏讼纳""聂苏索""尼斯""阿哲苏""纳苏缩"等。彝文独体字多,合体字少,一般一个字形代表一个意义,彝文字体基本上由点、横、竖、弯、圆等笔画构成,书写时笔画较少,其载体形式多样,大多以绵纸抄写传承,彝族毕摩绘画使用的经籍多为此类。同时,也有用金石印章、兽皮、碑刻、木板雕刻、动物骨骼、陶质瓦片等刻画书写的彝文②。

中国彝族主要分布在云南省、四川省、贵州省、广西壮族自治区等地。2010 年,据第六次全国人口普查统计显示,全国彝族总人口有 8 714 393 人,男性 4 456 382 人,女性 4 258 011 人。其中,贵州彝族总人口有 834 461 人,占全国彝族总人口的 9.58%,占全省总人口的 2.4%,占全省少数民族总人口的 6.65%。从贵州彝族分布情况来看,主要居住在毕节市、六盘水市、贵阳市、黔西南布依族苗族自治州等地。贵州彝族人民的经济生活主要以传统农业为主,主要种植玉米、

---

① 普忠良编著:《中国彝族》,银川:宁夏人民出版社 2013 年版,第 4 页。
② 普忠良编著:《中国彝族》,银川:宁夏人民出版社 2013 年版,第 26—27 页。

图 2-8 彝族火把节·晴隆阿妹戚托小镇

小麦、土豆、荞麦等粮食作物,同时饲养牛、羊、马、猪等。随着社会经济的发展,新的经济生活方式不断变化,贵州彝族聚居区社会经济也发生着深刻的变化。贵州彝族传统建筑材料主要是土、木、石、沙等。一般而言,彝族人民建造房屋主要根据地势而建,既考虑房屋的舒适性,又避免自然灾害。在建造房屋的过程中,通常会举行相关仪式,例如动土仪式、上梁仪式等,这与彝族人民的传统信仰有一定的内在关联。

贵州彝族传统服饰主要分为女性服饰和男性服饰两种,其中女性服饰主要有长裙、无饰长衣、长花衣三种类型。男性服饰较女性服饰相对简单一些,多为对襟短衣和大裙裤。随着社会的发展,彝族人民的服饰样式也在不断多元化,现代性服饰元素的不断增多,使彝族服饰在传统与现代的结合中变得不断丰富多彩。在婚姻方面,贵州彝族实行一夫一妻制,婚姻结缔一般经过恋爱、订婚、结婚等程序,同时婚姻仪式因不同地区、不同支系也略有不同。贵州彝族在丧葬习俗方面,折射出彝族群众对待生存和死亡的基本观念和态度,即万物有灵、灵魂永恒、灵魂向善、灵魂主宰、祖先崇拜等。彝族丧葬文化既是彝族文化的核心文化之一,也是彝族的观念性文化,即根源文化,有丰富的、独特的宗教礼仪展示[①]。贵州彝族传统节日主要有年节、火把节、赛马节等,其中火把节比较隆重和盛大,参与的人数比较多。贵州彝族歌谣主要有古歌、情歌等,舞蹈主要有"铃铛舞""海马舞"等,戏剧主要有"撮泰吉"。

(二)羌族

羌族先民早期主要生活在我国西北地区,后来不断东迁和南下,

---

① 穆春林:《从贵州彝族丧葬文化透视彝族生死观》,《毕节学院学报》2009年第10期,第20—26页。

并与土著人不断融合,成为许多族群的先民,例如汉族、彝族等。关于羌族,"早在殷商时期,便有羌与羌方之分,其中,前者是殷人对西方族群的泛称,它与东夷相对,多称为西羌,后者则专指居住在羌地的某一方国,其范围在今陕、晋、豫交界一带。周王朝时期,羌族人成为捍卫周朝统治的有力屏障和重要同盟。此时的羌族人主要从事畜牧业,而这一经济形态,逐渐成为以后识别羌人的主要经济特征"①。羌族自称"尔玛""玛""尔麦"等,其意为本地人。

羌族是我国古老民族之一,其历史文化悠久,就当前我国羌族分布情况看,羌族人民主要居住四川省阿坝藏族羌族自治州、北川羌族自治县、甘孜藏族自治州的丹巴县,以及贵州省的石阡县和江口县等地。羌族人民有自己的民族语言,分为南、北两种方言,主要以阿坝藏族羌族自治州茂县羌语来划分。2010 年,据第六次全国人口普查统计显示,全国羌族人口共有 309 576 人,男性 156 539 人,女性 153 037 人。其中,贵州羌族人口共有 1 605 人。

贵州羌族人民的经济生活方式主要以传统农业为主,主要种植水稻、小麦、玉米、红薯、油菜等农作物。贵州羌族人民至今仍保留有自己的传统民族服饰,一般而言,"以红色为主色调的女性上装,衣袖和衣领五彩刺绣绲边,大方和谐;以黑色为主色调的下装,朴素简约;围腰挑绣铺成怒放的花朵,秀美大气;头饰为瓦型软包头,喜爱佩戴耳环、手镯、簪子等银饰品。男子多穿自织自染自制的麻布对襟衣和土蓝布、麻布长衫,冬天外套皮褂子或羊皮坎肩,包青色或白色头帕,束腰带;缠绑腿,穿草鞋、布鞋或牛皮靴"②。总体来讲,贵州羌族服饰分为头饰、上装、围腰、下装、鞋等五个部分。

---

① 张曦、黄成龙编著;杨宏峰主编:《中华民族全书·中国羌族》,银川:宁夏人民出版社 2012 年版,第 5 页。
② 贵州省民族宗教事务委员会、贵州省科技教育领导小组办公室编:《贵州世居少数民族文化史》(卷 4),贵阳:贵州民族出版社 2018 年版,第 414 页。

贵州羌族建造房屋依山势,建造材料主要是石块、木材、黄泥等,他们在继承本民族建筑风格的同时,也采借了其他民族的建筑风格,例如布依族的石板房,苗族、侗族、水族等民族的"干栏式"建筑。婚姻方面,贵州羌族实行一夫一妻制,婚恋自由。羌族的传统节日主要有四月八、五月五、羌年等。音乐方面,主要有古歌、情歌、山歌等,乐器有羊皮鼓、笛子、唢呐等。

(三) 白族

白族的族源问题,学界有"土著起源说""夷汉移民组合说""各民族多元共生说"等。在我国西南地区,"白族、布依族、苗族、侗族、壮族等演变发展,都存在着集中聚居部分与散杂居部分的群体内部差异,不同的地理(行政)背景使其散杂居部分在民族文化界限方面呈现模糊、失落,散杂居的部分以地域为前提而各有特点。比如同为布依族的'仲家'在贵州以外的其他省区亦多为散杂居状态,亦不同程度傣化、壮化、汉化"①。

从我国白族分布来看,其主要居住在云南省、贵州省、湖南省、四川省等地。2010年,据第六次全国人口普查统计显示,全国白族人口共有1 933 510人,男性978 998人,女性954 512人。其中,贵州白族人口共有179 510人,占全国白族总人口的9.28%。

贵州白族人民自称为"罗苴""白尼"等,主要居住在贵州省毕节市各县、市、区,以及六盘水市的盘州市等地。贵州白族有自己的民族语言,从语系上来讲,属于汉藏语系藏缅语族彝语支或白语支。贵州白族的建筑主要有纯木质结构、土木结构、砖混结构等,房屋建造一般选择在地势比较平坦和开阔的地方。白族的经济生活方式主要以传统农业为主,主要种植玉米、土豆、小麦、高粱、荞麦等农作物。服饰方

---

① 赵卫峰:《贵州白族史略》,银川:宁夏人民出版社,2011年版,第171页。

面,贵州白族男子头饰喜缠白色和蓝色包头,多穿白色对襟上衣,外套黑紫色领袿;下穿白色宽筒裤或蓝色裤,系拖须腰带。白族女子服饰是"金花装",一般头戴"风、花、雪、月"头帽,上身着红色、黄色、粉色或浅蓝色与白色搭配的长袖上衣,腰系绣有花纹图案的围腰,下身着白色长裤,脚穿百节鞋①。婚姻方面贵州白族实行一夫一妻制,恋爱和婚姻自由,其恋爱方式和婚姻仪式正随着社会经济发展而不断多元化。贵州白族传统节日主要有七月七祭祖节、山歌节、团圆节等,同时,贵州白族人民也过春节、端午节、中秋节等节日。音乐方面,主要有古歌、情歌、丧葬歌等,乐器主要有唢呐、笛子、芦笙等。

(四) 土家族

关于土家族的族群问题,可以追溯至古代巴人。"在古代巴国居住的巴人集团诸多支系中,有濮、夷、蜑(dàn)、賨(cóng)等支系与今土家族有渊源关系,其中濮人是巴人集团中的主体部分,也是人数较多的一个支系。夷、蜑(dàn)支系都属东夷集团,崇拜白虎,以白虎为图腾,即'廪君蛮',賨(cóng)人(亦称'板楯蛮')支系和巴国王族属西戎集团,有'赶白虎'习俗"②。土家族自称"毕兹卡",其意为本地人。从全国土家族的分布情况来看,其主要生活在湖南省的湘西地区、湖北省的鄂西地区、贵州省的黔东北地区、重庆市的东南地区。贵州土家族主要居住在铜仁市的沿河自治县、印江自治县、江口县、思南县等县市区,遵义市的务川自治县、道真自治县、正安县等县市区,以及黔东南苗族侗族自治州的镇远县与三穗县等县市区。

2010年,据第六次全国人口普查数据显示,全国土家族人口共有

---

① 周真刚:《贵州白族服饰演变初探》,《贵州民族研究》2010年第5期,第43—47页。
② 贵州省民族事务委员会编:《土家族文化大观》,贵阳:贵州民族出版社2014年版,第21页。

8 353 912人,男性4 307 260人,女性4 046 652人。其中,贵州土家族人口共有1 436 977人,占全国土家族总人口的17.20%,占全省总人口的4.13%,占全省少数民族总人口的11.45%。贵州土家族的经济生活方式主要以传统的农业为主,主要种植水稻、玉米、小麦、高粱、红薯等粮食作物,家禽主要有鸡、鸭、鹅,同时养牛、羊、猪等。土家族的生产工具有犁、锄头、镰刀等,粮食加工工具有石磨、石碾、簸箕等。除传统农业以外,部分土家族人民还开展商业贸易活动。房屋建筑方面,贵州土家族依山势而建,往往选择在地势相对平坦的地方建造房屋,建造材料主要是木、瓦片、石块等,同时还会在房屋上雕刻各种精美的图案,如龙、凤、鱼、狮等。土家族的建筑风格主要是干栏式,房屋朝向一般为坐南朝北,村庄错落有致。土家族在服饰方面,分为男性服饰、女性服饰、儿童服饰等。一般男性上装穿琵琶襟,安铜扣或布扣,衣边镶梅花朵和绣银钩;下装多为白裤腰,裤脚肥大,绣有花纹,膝盖也有绣花,裤子为上腰扎扎裤,裤脚、裤裆为青色、米黄色、浅蓝色等。女性上衣分为三种类型:一是外托肩,无衣领,镶花边,向右开襟,随衣襟和袖口有两道不同的青边,不贴花边;二是银钩,有衣领(短领),衣襟袖口缀上一条宽青边;三是青、蓝布衣,都用白布滚花边①。配饰方面主要有手镯、戒指等银饰制品。

在婚姻方面,土家族实行一夫一妻制,婚恋自由。当前,一些土家族地区仍保留着本民族的婚姻习俗,如"哭嫁歌"就是其典型的代表。随着社会的发展,土家族的婚姻文化也发生了许多变化,如通婚范围有所扩大,近亲婚配逐渐减少;未婚比例不断下降,已婚率不断上升,早婚呈现下降趋势,离婚率有所增长,择偶标准多样化,婚姻仪式简约化等。尽管土家族的婚姻习俗在变迁,但并未动摇传统

---

① 贵州省民族事务委员会编:《土家族文化大观》,贵阳:贵州民族出版社2014年版,第219—221页。

家庭的基本结构①。丧葬文化方面,贵州土家族仍保留有许多传统习俗,主要有开光仪式、穿神点祖仪式、祭祀祖先仪式、打绕棺仪式等。贵州土家族的丧葬礼仪活动主题基本相同:其一,体现生者对死者的哀悼;其二,怀念死者生前的功德;其三,超度亡灵,使死者灵魂得到安息;其四,通过信仰和禁忌仪式,免除生者对死者的惧怕心理,同时寄予美好愿望②。随着时代的变迁,贵州土家族的丧葬习俗也在逐渐发生变化,如丧葬火化率不断提高,丧葬仪式不断从简。贵州土家族传统节日主要有"赶年"。除此之外,土家族人民也过春节、端午节、中秋节等节日。音乐方面,主要有情歌、哭嫁歌等,舞蹈主要有摆手舞。

五、蒙古语族族群及其文化

蒙古族。蒙古族是一个古老的民族,其曾建立过强大的王朝——元朝。蒙古族在建立元朝的过程中,不断征战四方,其疆域横跨亚欧大陆,极为辽阔。正因为频繁的对外战争,使得蒙古族散居于亚欧各地,从一定程度上来讲,今天许多亚欧族群都含有蒙古血统,或者说他们的先民与蒙古族的先民存在着密切的关系。从全国范围来讲,蒙古族散居于各地,分布极广,其中尤以内蒙古自治区、黑龙江省、辽宁省、吉林省、甘肃省、青海省、新疆维吾尔自治区等省区的人口最为密集。蒙古族早期主要生活在我国北方草原地区,过着"逐水草而居"生活,经济生活方式以牧业为主。

蒙古族拥有自己的民族语言和文字。从语系上来讲,蒙古语属阿

---

① 柏贵喜:《当代土家族婚姻的变迁》,《贵州民族研究》2005年第2期,第88—94页。
② 何立高:《从贵州土家族葬仪看土家先民的生活》,《三峡论坛(三峡文学·理论版)》2018年第6期,25—27,42页。

尔泰语系蒙古语族。2010年,据第六次全国人口普查统计显示,全国蒙古族人口共有5 981 840人,男性2 999 520人,女性2 982 320人。其中,贵州蒙古族人口共有41 561人。关于贵州蒙古族的来源问题,学界普遍认为其是在明末清初时,因战争原因,致使四川一带的蒙古族南迁至贵州。蒙古族作为贵州世居少数民族之一,目前主要生活在毕节市的大方县、黔西市,以及铜仁市思南县、石阡县等县市区。

贵州蒙古族因脱离主体族群生活区域的时间较长,距离较远,且长期与贵州境内的汉族、彝族、白族等兄弟民族不断交往、交流及交融,所以其许多生活方式发生了变化。生活方式、生活习惯、建筑风格、服饰风格等与他们具有很大的相似性,这是文化交流和文化借鉴的结果。

六、满—通古斯语族族群及其文化

满族。满族是一个古老的民族,曾建立过强大的王朝——清朝。关于满族的族源问题,学界普遍认为可以追溯至古代的肃慎。据《满洲源流考·满洲历史》:"满洲本部族名。恭考发祥世纪,长白山之东,有布库哩山,其下有池,曰布勒瑚哩。相传三天女浴于池,有神鹊衔朱果置季女衣,季女含口中,忽已入腹,遂有身。寻产一男,生而能言,体貌奇异。及长,天女告以吞朱果之故,因锡之姓曰爱新觉罗,名之曰布库哩雍顺。"[①]可见,满族早期生活于东北一带,建立清王朝后才逐渐向全国各地散居。从全国满族的分布情况来看,其主要居住在东北三省,即吉林省、辽宁省、黑龙江省。2010年,据第六次全国人口普查统计显示,全国满族人口共有10 387 958人,男性5 401 812人,女性

---

① [清]阿桂等撰,孙文良、陆玉华点校:《满洲源流考·满洲历史》,北京:中国国际广播出版社2016年版,第1页。

4 986 146 人。其中,贵州满族人口共有 23 086 人。

满族进入贵州的时间主要集中在康熙年间,并散居在黔西北的黔西县、大方县、织金县等地。满族初入贵州,其"服饰、居室和发型等基本上是沿袭旧俗。男蓄长发,结独辫垂于背后。上身穿马蹄袖长袍,两侧开衩,纽扣在右侧,腰身肥大,大襟大袖,托肩。下装穿长筒裤,束腰带,戴素色小帽。女上衣穿过膝旗袍,高领大袖,挑花托肩,大襟两侧开叉,排扣订在右侧,袖口镶挑花宽边。下身穿长裤,裤脚肥大,镶花边。普遍戴耳环和手镯"[①]。随着社会经济发展以及民族间不断交往、交流及交融,贵州满族服饰也在发生变化,这个变化过程既有文化采借,又有文化创新。

贵州满族的经济生活方式与黔西北地区许多少数民族相似,主要以传统农业为主,种植玉米、小麦、高粱、荞麦、土豆等农作物。房屋建筑方面,主要以土木结构为主,有的盖瓦片,有的盖茅草等。随着社会经济发展,贵州满族人民聚居区建筑样式也不断与时俱进。婚姻方面,贵州满族实行一夫一妻制,恋爱结婚自由。丧葬习俗方面,与贵州境内其他民族如汉族、彝族等相似,以土葬为主。民间歌谣主要有情歌、酒歌等。

---

① 李知仁:《关于贵州满族研究的几个问题》,《贵州民族研究》1989 年第 4 期,第 100—106 页。

第三章　贵州民族文化生态智慧与生态资源开发保护

- 禁忌习俗中的生态保护文化
- 生态文化资源的智慧开发
- 生态文明建设可持续之路

登梵净山顶吟咏①

[清] 田慎修

万壑群山争拱朝，
昂然中立自高超。
金刀劈处霞千片，
铁索牵来路一条。
捧日喜逢霄汉近，
披风陡觉俗尘消。
天生桥上频翘首，
看破滇黔万里遥。

---

① 中华诗词学会图书编著中心，北京中华典籍图书编著中心编：《贵州诗词卷（上卷）》，北京：中国文联出版社，2011年版，第70页。

贵州是一个自然生态环境较好的省份,良好的自然生态环境的形成,除了依靠先天自然地理条件以外,当地人民对自然环境的保护意识尤为重要。本章以贵州苗族人民的生态实践作为切入点,分析苗族禁忌习俗文化中的生态观,同时以贵州省梵净山作为案例来探讨其生态资源开发保护。

第一节　贵州苗族人民生态实践与保护

一、"禁忌"智慧与文化保护

"禁忌"一词的基本含义是"神圣的""不可接触的"。它一方面指的是"神圣的""不洁的""危险的"一类事物;另一方面指的是言行上被"禁止"的行为或在心理上被"抑制"的行为①。德国文化哲学大师恩斯特·卡西尔在谈到原始社会的禁忌时说:"禁忌体系尽管有其一切明显的缺点,但却是人类迄今所发现的惟一的社会约束和义务体系。它是整个社会秩序的基石。社会体系中没有哪个方面不是靠特殊的禁忌来调节和管理的。"②禁忌是一个民族在不同的自然环境和社会交际之中,自发地逐渐形成的一种复杂的特殊信仰文化现象。在苗族传统中也一样,人们在长期的生产、生活与斗争中,形成了丰富的禁忌

---

① 任骋:《中国民间禁忌》,北京:中国社会科学出版社2004年版,第6页。
② [德]恩斯特·卡西尔著,甘阳,译:《人论》,上海:上海译文出版社1985年版,第138页。

习俗,而在众多的禁忌习俗中,围绕生产、生活与环境保护的禁忌习俗占据着极为重要的地位,这些禁忌习俗充分体现了苗族人们热爱自然和保护生态的生动实践。

二、苗族禁忌习俗中的生态智慧和生态保护文化

(一) 神山禁忌习俗中的生态保护文化

苗族人民对山、石、水、土以及某些动物、植物怀有一种天生的敬畏或崇拜心理,如有些山被称为"神山",有些树被称为"神树",苗族人民往往将自己视为自然环境的一个组成部分,认为自己与环境是一个有机整体。如岜沙苗寨将村寨上方涵养水源的山林称为"后龙山",并加以供奉,他们禁止在后龙山上采伐、狩猎,违者将受到严厉惩罚。1983 年立下 3 个"120"的惩罚方式,即 120 斤酒、120 斤肉、120 元钱,这个规定一直沿用至今。文斗苗寨的苗族人民认为,文斗苗寨的地形似一只翱翔蓝天的凤凰,寨上的树木就是凤凰身上的羽毛,是不能随便砍的,否则将会祸害整个村寨。坪坝乡窝瓢村"蛇形山",其外形连绵起伏,蜿蜒伸展,似一条正在爬行的蛇,故名。山间泉水潺潺、林木葱翠,自古以来,未曾有人敢在此开山动土。因为当地苗族人民认为一旦破坏山林,就会遭到蛇精灵的报复而使家族败落。另外,坟山也是祖先神灵栖居的神山,禁忌在坟山上挖掘、砍伐、打猎,禁止伤害坟山上的动植物。

与神山崇拜相伴随的是神树崇拜。苗族人认为树大有灵,所以神树都是一些枝繁叶茂的大树,树通常被认为是护佑村寨、平安守宅的神。为神树修枝丫也是犯忌的,甚至不得随意触摸神树,尤其是成年人更不能在树下大小便,否则就会遭到神树的报复。苗族视枫树为"妈妈树",苗寨边的古枫决不能砍伐,如有人砍了就意味着杀害了苗族众人的"妈妈",就会将自己置于与众为敌的境地,必然群起而攻之,

甚至引来杀身之祸。所以，苗族自古以来就禁忌砍伐古枫，世世代代沿袭，形成了一种护林爱树的良好风尚。

苗族人民这一禁忌习俗客观上起到了保护自然植被的积极作用，保护了苗族地区重要的生态文化和生态资源平衡。

（二）水禁忌习俗中的生态保护文化

苗族先民原居住地在临近江河湖海的黄河和长江中下游地区，对水存在着深厚的崇拜，并渗透到了生活中很细微的部分。水崇拜的范围主要包括两个层面的内容："第一层面，对水的种种神秘力量的崇拜。第二层面，对掌管水与雨的神灵的崇拜。"[①]在苗族人民的观念中，雷公在天上掌管"雨事"，例如大稿午村的苗族同胞在举行水鼓舞祭祀时，主祭者要大声喊："下雨来，雷公！"传说龙潜伏在水底时，水面没有涟漪和波纹，十分平静，一旦翻身则大雨倾盆。所以，遇到久旱不雨时，苗族同胞就在水中击鼓跳舞，惊动了水下的龙就会下雨。除此之外，苗族对水还有一些其他的禁忌习俗，例如在野外饮泉水时，忌用嘴巴直接去饮水，须用双手捧上来喝，喝完之后还要打个草标，否则这个人会"失魂"，坐立不安，茶饭不思。因为他们认为这是水神对不尊重水的人的一种惩罚。类似的禁忌还有：不能在水井里洗衣服，洗过衣服的污水不能倒进水井里，否则会亵渎水神；禁止在水源处洗脚、扔脏东西，更不能在水源处大小便；禁止填堵水源；等等。这些对水的禁忌，不仅从客观上起到了保护环境和水资源的作用，而且长期以来影响着苗族的子孙后代，成为人们日常生活和生产行为的传统美德。

（三）生育禁忌习俗中的生态保护文化

苗族先民经历了长时期、持续的大规模迁徙，"自逐鹿中原失败以

---

① 向柏松：《中国水崇拜》，上海：上海三联书店1999年版，第3页。

后,苗族在数千年来的历史发展中一直不断地迁徙流动。从尧舜禹征伐'三苗'、夏商周征讨'蛮荆'、秦汉隋唐征战'武陵五溪蛮'、宋元明清的苗民起义,苗族几乎都是被征被伐,不断地迁徙逃亡"①。在不断地民族迁徙和民族斗争中,后代的繁衍关系着民族的兴衰存亡。因此,苗族人民对子孙后代的繁衍传承特别看重,于是为保护子孙后代的健康成长,沿袭了许多生育禁忌习俗。例如,家中有孕妇,忌在房屋周围鸣炮、放鞭炮、动土或移动重物。妻子怀孕期间,丈夫严禁从事打猎、捕鱼活动。因为在苗族人民的观念中,动物是有灵魂的,如果丈夫在妻子怀孕期间捕杀动物,动物的灵魂就会来报复孕妇腹中的胎儿。当然,孕妇及其家人同样严禁打蛇等其他动物,否则也将影响孩子的健康成长。

上述对孕妇、产妇的种种禁忌,客观上起到了保护动物、植物,保护生态环境,维持自然界生态平衡的作用。

(四) 节日、时日禁忌习俗中的生态保护文化

在苗族人民的传统观念中,不同的节气对应着不同的阴阳二气,正邪消长,不论做什么事,都要遵循着特定的节气而行,以求趋吉避凶、万事顺利,于是就产生了各种各样的节日、时日禁忌习俗。

苗族民居大都为吊脚木楼房,为了避免火灾,必须严防火灾,驱逐火鬼灾星,每年秋收后,各寨都要举行防火和谨慎用火的活动,其中最庄重的活动就是"扫寨",或叫"洗寨",也称"扫火星"。"扫寨"的具体日期由寨老商定,一般定酉(鸡)、寅(虎)、辰(龙)日。在整个扫寨活动中,由专人负责到寨外,守住通往寨子的主要路口,并在路边插上两根木棍,木棍上面用芭茅草打上草结作为表物。在此期间,不准拿水、火

---

① 石朝江、石莉:《战争与苗族》,北京:光明日报出版社2010年版,第1页。

及其他东西出寨,否则会招来"火灾鬼"。"扫寨"习俗客观上使人们加强了防火意识,对预防火灾、保护村民人身、财产安全方面起到了积极的作用。

此外,苗族同胞在大年三十这天,禁止去水井挑水,因为不能惊动"龙王",否则来年"龙王"会捣乱,使人遭水、旱灾害。当然,这天也不宰杀畜禽和伤害生命,以便让各种有生命的东西,都安全地度过"三十夜"。大年三十过后,从正月初一起禁忌动土,即不准进行犁田、挖土、播种、施肥等农活。一般要到正月十五过后的某个吉日(一般选在"龙""羊""牛""猪"等日),由寨中的"活路头"用撮箕挑粪到地里,把粪堆在一起,烧香焚纸钱,然后插上一束芭茅草标(此行为称为"起活路")后,各家才可以动土做活。

时日、节日禁忌具有很强的凝聚力和包容性,积淀着悠久的历史和丰富的文化,反映了不同的民族文化特性。苗族人民的时日、节日禁忌习俗,使辛勤劳作的人们能够在节日期间有一个短暂休息,也使人与人、人与自然之间相互作用、相互依存的意识得到了加强,并使人们更加关注与呵护自己的生产生活环境。

(五)风水禁忌习俗中的生态保护文化

自古至今,劳动人民在长期的生产生活实践中,逐渐形成了一种保护自己栖居环境的"风水禁忌"习俗。苗族人民很注重"风水",寨前的"水口"和寨后的"后龙"都有枫、樟、杉、楠、竹等树木作为"护寨树"。枫树是苗族的祖宗树;杉树再生力强,树身笔直,象征长寿;楠木可驱邪,多用于造鼓;竹子繁殖能力强,长势茂盛,象征家族兴旺发达。苗族的民居建筑也讲究风水,修建房屋必须以不损坏"风水",不伤害"龙脉"为前提,"龙脉"处的水源也不能滥用,更不允许在这些地方随意大小便。"风水禁忌"习俗,不仅满足了苗族人民趋利避害的心理需求,在客观上也使苗族人民获得一个理想的栖居环境,同时也对环境起到

图 3-1 榕江高排苗寨古金丝楠木

图 3-2 锦屏县文斗苗寨千年古银杏树

了很好的保护作用。

苗族禁忌习俗的显著特征表现在两个方面：一方面是假借神灵的旨意要求人们爱护、尊重、保护自然，对人们实行内心的约束和控制；另一方面也反映了人必须与自然保持和谐相处。苗族人民对待自然的一些禁忌，主观上使他们以更加神圣的态度来对待生命、对待自然，客观上也确实有助于生态环境的保护，有助于民族文化的维持。

第二节　梵净山生态文化资源开发与保护

梵净山历史悠久，有非常灿烂的历史文化，丰富的生态文化资源，梵净山素有"地质博物馆"和"生态王国"之誉。

（一）梵净山生态文化资源的状况

梵净山位于贵州省东北部，是武陵山脉的主峰，其东、南部为江口县，西、西北部为印江土家族苗族自治县，北部为松桃苗族自治县，其与湖南省凤凰、张家界景区毗邻，和重庆市南部接壤。梵净山总面积4.19万 hm^2。千百年来，梵净山凭借着美丽的山水风光和悠久的佛教文化而著称于世。

1. 自然资源

梵净山山势雄伟，层峦叠嶂，坡陡谷深，溪流纵横，飞瀑悬泻，特殊的地质结构，塑造了峥嵘奇伟的山岳地貌景观，素有"地质博物馆"的美誉。梵净山地区物种丰富、类型多样。具有保存完好的亚热带原始森林生态系统。梵净山自然保护区内有铁杉林、水青冈林、黄杨林、珙桐林等44个不同的森林类型，森林覆盖率达80%以上，森林活立木蓄

图 3-3 铜仁梵净山

积量为 3 378 000 m³；植物种类有 277 科、795 属、1955 种，占全国总数的 9.5%，以恐龙时代的古老植物珙桐为代表的 17 种植物被列入国家重点保护珍稀植物，其占贵州全省受保护植物的 43%。记录在案的动物达 800 多种，被列入国家级重点保护的动物有 24 种。梵净山"国宝"级的珍稀动物以金丝猴最具代表，黔金丝猴数量比大熊猫还少，被誉为"世界独生子"。梵净山因其生物多样性，1986 年被定为国家级自然保护区，同年被联合国"人与生物圈"吸收为世界性自然保护区的成员之一。

2. 民族文化资源

梵净山地区是一个多民族聚居的地区，各民族既相互交融，又保存着各自特有的习俗，由此便衍生了丰富多彩的民俗文化和民族风情。土家、苗、侗、羌、仡佬等少数民族世世代代在这片土地上繁衍生息，创造了各民族绚丽多姿的民族风俗文化，包括建筑风格、服饰特点、饮食习惯、信仰追求、节日礼仪、婚丧嫁娶、音乐舞蹈等，其中犹以土家族风俗习俗和苗文化最为突出。如土家族的吊脚楼民居，以及过赶年、舞火龙、傩堂戏、花灯、女儿会、山歌对唱、摆手舞等土家民俗活动。苗族的花鼓舞，表演舞蹈类型有神鼓、战鼓、年鼓、喜庆鼓、拦路鼓、叙事鼓、生产鼓、日常生活鼓、茶鼓、动物鼓、情鼓、木叶鼓、接龙鼓、送亲鼓、迎亲鼓、迎宾鼓等八十余种。在梵净山地区还形成了一批省级重点民族村寨，如苗王城、云舍、张家坝、冷家坝、寨英、团龙等。

3. 宗教资源

梵净山在中国乃至世界都称得上是佛教名山，据典籍考证，自宋代起，佛教开始传入梵净山地区。至明初，梵净山佛教业已兴盛①。

---

① 张明：《梵净山佛教源流考》，《佛学研究》2005 年第 1 期，第 284—293 页。

两汉时期,梵净山称"三山谷",唐代称"辰山",宋代称"思邛山",明代,因其寺刹林立,为梵天净土,遂更名为"梵净山",俗称"灵山""大佛山"。梵净山保存了大量佛教文物,除了庞大寺庙群,还有佛像、佛印、佛钟、佛磬、香炉,以及众多的历代墓塔、碑刻、摩崖等。梵净山地区最隆重的宗教活动是朝山活动,《敕赐碑》《茶殿碑》及《铜仁府志》等文献都记载了朝山的盛况。朝山活动从每年农历六月初一开始,至农历九月结束,历时三个月。

生活在梵净山地区的各民族将大山以及山中的石、树、泉、洞、动物、植物等普遍加以崇拜,这种神灵崇拜比较集中地体现在每年的朝山活动中。朝山期间,要"净身"(即吃素),不允许在祭祀场所或附近大小便,以免亵渎神灵;要保护山上的动植物,不准捕杀生物,不能挖走花草树木,即使带走一点枝叶,也不能连根拔掉。在梵净山地区各族人的观念中,梵净山是灵山,山上的草木生灵都是具有神性的。

(二) 梵净山生态文化资源的价值

1. 梵净山生态文化资源的商业开发价值

梵净山的生态文化资源有着独特的经济、文化及商业价值。据统计,梵净山地区有山岳、峡谷、瀑布、温泉、溶洞、石林、古树名木、中药材等自然资源114项;有古建筑、古墓葬、古文化遗址、摩崖石刻、革命文物、历史文物、民族文化等人文资源163项。其中,国家级自然保护区1处,国家级风景名胜区1处,国家级文物保护单位2个,省级风景名胜区3处,省级历史文化名镇1个,省级非物质文化遗产5项,省级历史文化街区1处,省级民族保护村寨2个,省级历史文化名村1个。此外,梵净山地区是贵州省革命老区、黔东革命根据地,是周逸群、旷继勋、贺龙等老一辈无产阶级革命家当年从事革命活动和战斗过的地方,至今仍遗留下不少革命纪念地和遗迹。厚重的历史文化,独特的地理环境和气候类型,孕育了梵净山这一生态文化宝库,随着梵净山生态文化资源的深入开发,其商业经济效益正日益显现。

2. 梵净山生态文化资源中的和谐理念

梵净山生态文化资源中的和谐理念,为我们处理人与人、人与社会、人与自然的关系以及人的自我身心健康等问题提供了一条思路。人与自然的和谐理念引导人们通过建立一种相互尊重、诚信友爱、团结友善、和谐相处的人际关系,进而促进社会和谐。人要想有一个良好的生存环境,就必须与生存环境里其他生命体和谐共生,任何肆无忌惮地伤害生物、破坏自然的行为都是不正确、不理智的。这种价值取向体现在人自我身心方面,可以深化人们对生命价值和意义的认识,给人一种安身立命的智慧,即如何看待人的生命价值和如何处理生命与名利、欲望的关系问题,这对于促进身心健康、培养健全人格、体验生命价值、提升精神境界、感悟智慧人生有着积极的意义。梵净山生态文化资源中所包含的丰富而深刻的和谐理念是建设和谐社会的重要思想资源,可以为当前经济社会发展进程中产生的种种矛盾的化解及和谐社会的构建提供参考。

(三) 梵净山生态文化资源的保护与开发

梵净山生态文化资源的保护与开发,既能加快推进该区域的生态文明建设,又符合国家对主体功能区建设的要求,是生态文明建设模式的一种积极探索。梵净山地处武陵山集中连片特殊困难地区,是国家脱贫攻坚全国小康的主战场之一,实现梵净山地区经济社会可持续发展,具有十分重要的现实意义。

自 20 世纪 80 年代以来,党和政府十分重视对梵净山生态文化资源的保护和开发,将梵净山列为自然保护区,并大力向外界推介梵净山,通过不断完善交通等基础设施建设,梵净山逐渐盛名远扬。进入 2000 年,贵州省将梵净山旅游列为全省重点开发项目。直至今日,梵净山生态文化资源开发一直在政府的规划指导下进行重点旅游开发,以快速发展旅游业及增加旅游收入最大化为目标,同时避免过度开发和破坏性开发的现象,使生态文化资源的开发走可持续发展之路。

1. 发展生态农业

生态农业是指"以协调人与自然关系为基础,以促进农业和农村经济、社会可持续发展为主攻目标,遵循'整体、协调、循环、再生'的基本原理,通过实现生态经济良性循环及资源高效利用,把农业生产、农村经济发展和保护环境融为一体的新型综合农业体系"①。发展生态农业能够有效保护和改善生态环境,防止污染,实行废弃物资源化利用,降低农业成本,提高效益,把环境保护与经济增值紧密结合起来,在最大限度地满足人们对农产品日益增长的需求的同时,提高生态系统的稳定性和持续性,增强农业发展后劲。

梵净山大力发展生态农业,当前应该抓住国家将武陵山区作为全国脱贫攻坚全面小康的战略机遇,积极争取政策支持,创建一批高效生态农业示范区和生态畜牧业示范区,进而促进农、林、牧、副、渔各产业的协调发展。当地政府应在资金、土地等方面对生态农业进行重点倾斜,通过设立科技创新基金,引导和推广对环境无害的新产品和新技术,走无公害有机化生态农业之路。目前,梵净山周围的生态茶产业已经具有大的规模,要继续按照"稳定面积、打造品牌、拓展市场"的思路,做大做强生态茶产业,以实现产品加工、销售、服务规模化经营。梵净山药材种类多,品质优,药材产业具有十分广阔的发展前景,可以通过发展中药材产业,将自身打造成为全国知名的药材基地。梵净山地区自然资源丰富,绿色食品加工业潜力巨大,通过发展一批特色生

---

① 李文华:《生态农业——中国可持续农业的理论与实践》,北京:化学工业出版社2003年版,第42—55页。

态农业和生态畜牧业,扩大有机食品、绿色食品和无公害食品生产和加工的规模,继续打造"梵净山"品牌,从而不断提高农业产出比效益,以推动实现区域经济与环境协调可持续发展。

2. 发展生态工业

生态工业是指仿照自然界生态过程物质循环的方式来规划工业生产系统的一种工业模式,"所谓生态工业是指根据生态学和生态经济学原理,应用现代科学技术所建立和发展起来的一种多层次、多结构、多功能、变工业排泄物为原料,实现循环生产、集约经营管理的综合工业生产体系。"① 生态工业以节约资源、清洁生产和废弃物多层次循环利用为特征,是可持续发展的体现,代表着未来工业发展的方向。通过建设生态工业园区,可以有效利用原材料,尽量减少废物的产出,实现污染物的低排放,是发展生态工业的较好途径。梵净山是一个资源非常丰富的地区,是个生态宝库。梵净山地区要走发展工业化的道路,就必须防止工业化对自然环境资源的伤害,就应当发展生态主导型的工业,通过调整和优化产业结构,把生态文明理念贯穿于工业生产的各个环节,从而走科技含量高、经济效益好、资源消耗低、环境污染少、人力资源优势得到充分发挥的新型工业化道路。

3. 发展生态旅游业

"生态旅游是城市和集中居民区的居民为了解除城市恶劣环境的困扰,为了健康长寿,追求人类理想的生存环境,在郊外良好的生态环境中去保健疗养、度假休憩、娱乐,达到认识自然、了解自然、享受自然、保护自然的目的"②。生态旅游是一种可持续发展的旅游形式,要

---

① 肖焰恒、陈艳:《生态工业理论及其模式实现途径探讨》,《中国人口·资源与环境》2001年第3期,第100—103页。
② 吴楚材、吴章文等:《生态旅游概念的研究》,《旅游学刊》2007年第1期,第67—71页。

求旅游、资源与人类生存环境统一为整体,以形成一种旅游业与社会经济、资源、环境良性协调的发展模式。梵净山地区优越的自然环境和历史文化,蕴育了境内丰富多彩和特色鲜明的旅游资源,为梵净山生态文化旅游产业发展奠定了坚实的资源基础。发展生态旅游业对梵净山地区经济社会发展具有尤为重要的现实意义,通过发展旅游业能为当地人民提供就业机会,更能为当地人民增加收入,改善环境,从而实现环境效益、经济效益以及社会效益的全面改善。当前,相关部门应根据梵净山产业发展实际,依托当地丰富的自然资源,积极引导人民因地制宜,大力发展优势生态旅游业;应加强对旅游市场、旅游景区、旅游环境、旅游产品等生态旅游相关的方方面面的管理,处理好经济、社会、环境三者之间的关系,为生态旅游业的可持续发展提供政策支持。梵净山生态旅游可以促进农村资源、田园景观、乡土文化转化为现实的旅游资源。深入挖掘和整合地域文化要素,走有地方特色的生态旅游产品开发之路。加强技术支持和引导,鼓励发展一批有特色的生态旅游产品。如开发一批以茶叶、野生菌子、野果、野菜、中药材等为代表的原生态保健旅游产品;开发一批原汁原味的木质或竹制手工产品,如竹鞋、树叶编的帽子或花环、竹编纸篓、竹编插花筒等旅游日用品;开发一批具有当地特色的竹雕、根雕、草编、棕丝斗笠、龙凤花烛、苗家银饰、土家服饰、绣品、苗家包头帕、土家鞋垫、盆景、窗花剪纸等民族风情工艺品;开发一批梵净风景金箔画、自然风光水晶座、黔金丝猴玩具造型,以及各种能反映梵净山的画册、风光明信片等特色旅游纪念品。

4. 培养生态文化产业人才

发展文化产业,人才是最难得、最紧迫的问题。开发与利用梵净山生态文化资源,要坚持把文化产业人才作为旅游产业发展壮大的第一资源,注重对旅游人才的培养和人力资源的开发,大力实施"文化人才工程",建立、健全人才培养、引进、选拔和激励机制,努力造就一批各专业领域的领军人才、一批懂经济善管理的文化经营管理人才、一批掌握现代传播技术的专业技术人才。要充分利用梵净山佛教文化研究院这一平台,开展多领域、高层次的梵净山文化研究,为梵净山文化产业开发提供坚实的学术支撑。要通过"走出去"的办法,选派管理人员和服务人员到优秀景区和旅游院校进行学习、培训和交流,提高旅游工作人员的专业素质,努力建设一支高素质的旅游专业人才队伍。要制定优惠政策,坚持用事业鼓励人、用感情凝聚人、用待遇吸引人、用市场感召人,营造有利于出精品、出人才、出效益的良好环境,使更多的优秀人才成为推动梵净山文化产业发展的生力军。

生态文明以人与自然、人与人、人与社会和谐共生、持续繁荣为基本宗旨。环境的可持续发展不能仅仅通过环境的再生能力和生物多样性的维持来衡量,还应该有与之相伴的包括收入的增加及其贡献、健康、教育和对资源的享受等因素组成的矢量的发展来衡量[①]。梵净山在千百年的漫漫历史长河中,给当地的人民留下了一笔丰厚的生态财富。当前,应积极挖掘整理梵净山生态文化资源,宣传弘扬梵净山生态文化,让梵净山生态文化在实现经济社会发展与社会和谐中发挥其应有的作用。在开发梵净山生态文化资源的过程中,要坚持经济效益、社会效益与生态效益的统一,在综合发展的基础上搞好生态文明建设,走出一条人与自然和谐发展的生态文明建设之路。

---

① 印开蒲、鄢和琳:《生态旅游与可持续发展》,成都:四川大学出版社2003年版,第165页。

第四章　贵州民族文化与社会发展的内在相关性

✢ 传统民居建筑中的和谐文化

✢ 民族节日文化中的和谐共生理念

✢ 优秀传统民族文化的创新发展

芦笙跳月①

[民国] 欧阳朝相

铜鼓冬冬震,

芦笙队队联。

牵裙云锦灿,

缓步月轮圆。

跃马周三匝,

重鞭尽少年。

舞残牛阵合,

银角万觥传。

---

① 冉砚农主编:《我爱贵州诗词选》,贵阳:贵州人民出版社2003年版,第468页。

贵州的优秀民族文化是贵州人民长期辛勤劳作的结晶,对贵州各民族性格的形塑、对社会经济的发展、对和谐社会的建构、对生态文明建设等的影响均产生了积极的助推作用。从某种意义上来讲,贵州民族文化不仅是贵州人民的精神财富,同时也是贵州社会和谐稳定和经济发展的文化资本。

第一节　贵州民族文化中传统建筑及其空间功能

传统民居建筑是历史留给我们的一份珍贵遗产,它是适应当地的风土、自然环境的产物。贵州民族传统建筑主要有吊脚楼、风雨桥、鼓楼、石板房等,本节主要以贵州省黔东南少数民族建筑为探讨对象。黔东南是贵州省民族文化特点较为显著的区域,特别是苗族建筑文化。黔东南苗族传统民居在选址、营造、结构、朝向、居室布局,以及与环境相和谐等方面,具有诸多的合理性和科学性,反映了苗族顺应自然,追求人与大自然相和谐的生态观念。

一、和谐自然

自古以来,人们在进行民居营造时都力求做到与自然和谐。"天地所包,阴阳所呕,雨露所濡,生化万物。瑶碧玉珠,翡翠玳瑁,文采明朗,润泽若儒。摩而不玩,久而不渝,奚仲不能旅,鲁班不能造,此之谓大巧。"①这段话极力讴歌大自然的和谐之美,黔东南苗族村寨传统民居具有和谐自然的生态观念。主要表现在保护山林和环境绿化等方面。苗族人民经过长期实践,民居往往建在不宜耕种的坡地上,常常筑台立基或建吊脚楼,极少大规模开挖山体的平整地基,从而保护了大片的农田和山林的植被。这些民居建筑的布局随地势变化而随高就低,曲折蜿蜒,与自然环境巧妙结合。苗族人民在村头寨尾、房前屋后栽种观赏和实用功能的树木,如梅树树干不大,不挡阳光,造型优美,宜植于稍高又避雨的住宅北面;榆树速生,樟树枝叶繁茂,还能吸附烟尘、防虫,种于房屋四周能净化空气、保护环境;竹生长快、耐阴,因而宅后常植竹。这种建筑周围绿化的经验,是苗族传统民居建筑自觉地顺应自然条件而不断地调节与自然环境之间的关系的产物,彰显了天人合一的精神内涵,从而达到了和谐自然的效果。

二、因地制宜

因地制宜主要指人们在建房时,最大限度地发挥自然条件的作用来选择建筑物的样式,以期更好地实现民居的实用功能。"风水明确肯定,房屋建筑、园林及至墓地等,要择地选址,要与地形地貌风水的运作相联系……"②黔东南苗族村寨传统民居的建筑力求依山傍水、避风朝阳,讲求自然的形势,并根据不同地理形貌进行合理布局。吊脚楼一般都建在斜坡上,这样就可以变不平的斜坡为"天平"了,而且十分节约土地面积,房子稳固、通风,且能避免潮湿。吊

---

① 赵宗乙译注:《淮南子译注》(下),哈尔滨:黑龙江人民出版社 2003 年版,第 1045 页。
② 亢羽:《中华建筑之魂:易学堪舆与建筑》,北京:中国书店 1999 年版,第 195 页。

脚楼既适合于当地地形条件、节省土方，又能在视觉效果上增加空间层次感和上下之间的明暗对比感，进而形成建筑群体高低错落的优美气势。居住环境一般都背山面水，负阴抱阳，这有利于开凿渠堰、挖池凿塘、引水灌溉，用来种田和养鱼；生活方面，不仅可以保证日常生活的用水，还可以沿水运载。寨内的房屋之间穿插着堰塘，既使房屋保持了一定的间距，有助于通风采光，又能在火灾发生时提供消防用水。堰塘上常设置架空的小仓房以储存粮食等农作物，有利于防虫鼠、通风及防火。黔东南苗族村寨的传统民居蕴含着丰富且朴素的生态环境理念。

三、就地取材

根据当地产材、气候条件，就地取材建房是黔东南苗族村寨传统民居的特色。黔东南苗族聚居地气候温和、空气湿度相对较大，适宜树木的生长，尤其是杉木的生长。石材在黔东南地区也非常普遍，因而人们就地取材，木材、石材成为房屋主要的建筑材料。人们在建屋时并非肆意伐木开山取材，而是"量体裁衣"，提前数年就开始仔细计算建屋的用料情况，在伐木时哪些规格的杉木可伐，哪些不可伐，都有严格的规定，用料时往往大小套用，绝少浪费。石材常用的有毛石、料石、卵石，其主要用于屋基、堡坎、柱础部位以及铺路。人们在对石材的选取上，除了开采一些必要的毛石、料石以外，苗族人一般都会到附近河滩上收集大块卵石，以尽可能地减少人工对山体的开采，即便不得不开采，在开山的方位、距离村寨的距离等问题上大都有严格的规定。砌房屋地基、保坎时多为干砌（不用石灰浆或混凝土），只有重要部位加少量石灰浆砌。屋面防水材料主要用杉树皮和茅草，也有的盖青瓦。对于村寨内的道路，他们常常会就近取用青石板或鹅卵石来铺成花街，石块间的缝隙还有利于雨水的渗入。

苗族人民由于历史原因,一般都居住在自然条件比较恶劣的崇山峻岭之中,再加上地理位置交通运输不便,一般不从遥远的地方去购置体量大、分量重的建材,就近取材便成了苗族传统民居建筑的常用方式。在建材取用方面,他们所依据的一切原则都是为了保持自然水土,都是为了维护生态环境的平衡和持续发展。

四、吊脚楼构架及其功能的可持续性

"苗人喜楼居,上层储谷,中层住人,下为牲畜所宿"。[1] 这句话概括了苗族人民讲求实用、注重功能的居住传统。黔东南苗族寨子里的房屋一般都是杉木装潢的木质结构的吊脚楼。一般为2层或3层,4层以上少有。间数以3间的占多数,2间或5间的也有,4间的少有,因为这个数字传说不吉利,即使有也要在房子的两侧配上偏厦(一边是进入大门的走廊,一边是灶房),3间的也是这样配,但5间的大多只配大门,很少配灶房。根据地形特点,房屋又分为平底楼和吊脚楼:平底楼多建在平地上,地基只有一层,3层楼的房子多从侧面设立走廊安大门上楼,2层的房子多从正面设立大门上楼;吊脚楼一般都建在斜坡上,地基分为两级,这样就可以变不平的斜坡为"天平"了,十分节约土地,房子稳固、通风,还可以避免潮湿。由于这些房屋都是顺着山势建在山岭或山冲,所以吊脚楼比平底楼要多些。不管是平底楼还是吊脚楼,绝大多数的房子都会在前排柱外加一排顶天不立地的悬空檐柱,由梁枋来承挑,这样不但扩大了二、三楼的空间,柱子下面还可以当通道以方便行人通过。有的房子还在房顶下檐1.3—1.5米的地

---

[1] 李先逵:《干栏式苗居建筑》,北京:中国建筑工业出版社2005年版,第32页。

方加设二檐,这样既可遮挡房屋下半部分的风雨,又可以晾晒东西。一栋房子建成之后还要合理安排内部结构:凡是 3 层楼(包括两层吊脚楼的房子),其底层都会被围成小圈,用来放置农具、堆放杂物、关养牲畜等;中间层住人,上层一般会做仓库和客房。中间层是整个家庭的主要活动场所,其主要可划分为堂屋、火塘、内房、卧室。走廊是由大门到堂屋的通道,位于房屋前沿,长度为一间房架那么长,宽大约 1.8 米,前侧下半部分是用 0.5 米左右的木板镶装而成,上半部分设有窗子,包括堂屋前侧全部设窗,整个堂屋显得很明亮。堂屋位于房子的正中,有 3 间房架的就设在中间的那间,左右两间设卧室。堂屋的面积比卧室大。堂屋是家庭的主要活动空间,也是接待宾客的场所,大门敞开不封闭①。堂屋外檐下的悬空走廊安装有呈 S 型的靠背栏杆——"美人靠",苗语称"嘎息",姑娘们常在此挑花刺绣,既可凭栏远眺,又可休憩聚会。

木构架结构的吊脚楼,尽管从保护森林,以及确保住房结构的坚固和耐久性方面来看,存在许多问题,但这种开放式的结构,其存在的一些优点却值得吸取:这些吊脚楼民居结构由立柱、横梁、檩条、椽子等构件组成,哪个构件损坏了,可以替换而不影响整个结构。此外,围护结构的门窗、屋面上的瓦等构件更是可以随时更换。传统的木构架吊脚楼民居在建造上,要本着节约的原则,在保证风格完整、结构稳固的前提下,以尽量节省木材的使用量。苗族民居修建完成之后,其无论是横向和纵深,都具有可延伸、可扩展的余地,这正是苗族人民可持续发展理念在民居建筑中的具体体现。

苗族民居建筑"采取适可而止、和谐相处的准则,因为自然界如果受到严重伤害,某些自然事物的灭绝,必将会导致人类生存陷入某种

---

① 按,苗族吊脚楼正中堂屋的大门敞开不封闭,为的是让燕子到楼枕筑巢定居。相传古代苗族在二月中上旬卯日以打桃粑和安燕窝为内容过燕子节,体现了人与自然和谐共生的文化传统。

困境之中"①。黔东南苗族传统民居建筑始终注意保持着与自然生态环境的和谐,始终注意对包括土地、水源、山林等自然资源的适度开发与合理利用,保证了其生产和生活得以一代接一代地持续发展。这种经历了上千年的考验和发展,具有扎实深厚的建筑文化基础的苗族民居建筑,是苗族人民智慧的体现。所蕴涵着的许多遵循生态原则的经验和营造方法,仍不乏其合理性和科学性,值得我们继承和大力弘扬。

第二节 贵州民族文化中节日文化与社会秩序

贵州民族文化丰富多彩,其中少数民族节日文化更是独具特色,例如苗族的"鼓藏节""姊妹节",彝族的"火把节",布依族的"三月三",水族的"端节",侗族的"萨玛节",瑶族的"盘王节",等等。本节主要以苗族"鼓藏节"作为探讨点,"鼓藏节"是苗族历时最长、节日仪式最为盛大和庄严的传统节日,从某种意义上来讲,它是苗族"物质世界"和"精神世界"的有机组合。"鼓藏节"文化主要盛行于苗族"中部方言"区。因此,本节以贵州省榕江县兴华乡高排苗寨作为案例进行探讨和研究。

一、"鼓藏节"概念释义及解读

苗族"鼓藏节",历史上曾出现"椎牛祭祖""椎牛大典""敲巴朗""吃牯脏"②"食牯脏""吃牯藏"等不同称谓。

---

① 於贤德:《中国古代生态文化的思想源流》,《嘉兴高等专科学校学报》2000年第1期,第9—14页。
② 杨正文:《鼓藏节仪式与苗族社会组织》,《西南民族学院学报(哲学社会科学版)》2000年第5期,第13—27页。

苗族"鼓藏节",又可称"鼓社节""馕蒴闹"或"馕将略"。"馕"直译为"吃",但其意相当于汉族语境的"过节"中的"过"字,而"蒴闹"或"将略"则指鼓社节,"馕将略"就是过鼓社节或过鼓藏节的意思。"鼓藏节"中的"鼓"字至少有两层意思:一是鼓社之意。鼓社是苗族古代社会的一种社会基层组织形式。二是苗族的"万物有灵"观念。在苗族人民的意识里,鼓是列祖列宗灵魂的安居之所,于是他们用祭鼓来祭祖。苗族人民过完此节以后,把鼓珍藏在鼓藏头或德高望重的寨老家中,于是便有了"藏鼓"之意①。当然,"鼓藏节"相关释读,仍存多意,莫衷一是。

二、"鼓藏节"文化内涵及功能

(一)"鼓藏节"中的符号象征意义

在苗族的"祭鼓词"里有这样一句话:"我们拿鼓劈,我们拿鼓分,劈成12块,分成12瓣。12块,12支系;12瓣,12部落。12支系散居地方,12部落建立村寨……后代拿鼓来敲击,敲鼓来祭祖母,敲鼓来念先父。"由此可见,苗族的"鼓藏节"除了祭祀祖先以外,还有另外一种表达和诉求,他们希望通过举行"鼓藏节"祭祀活动来祈祷幸福安康。

在高排苗族的"鼓藏节"仪式活动中,芦笙②、百鸟衣③、水牯牛、单

---

① 潘定发:《鼓藏节释义》,《中国民族报》,2011年5月7日。
② 芦笙在我国南方少数民族生活中尤为常见,尤其在苗族、侗族、布依族、水族中颇为盛行。芦笙往往伴随着两种场域出现:喜庆的场面、哀痛的场域。在不同的场域,芦笙所表达出来的寓意也有所不同。
③ 百鸟衣是苗族服饰中比较有特点的一种,这里的"百"主要指数量之多。在传统社会里,苗族妇女在制作"百鸟衣"时,采用鸟身上的白色羽毛作为衣服上的配料,以衬托其色彩和美丽,这是苗族"百鸟衣"最传统的制作方法。随着时代的发展,当代社会中,我们常看到的"百鸟衣",大多数都采用白鸡身上的羽毛来替代百鸟羽毛。

面铜鼓、鱼等为常见物件,都有其特定的文化内涵和象征意义。

芦笙大多数是喜庆热情的,但在苗族的社会生活中,芦笙也常被用来表达哀伤的一面。在苗族丧葬文化中,可以找一些例证。高排苗族在举行丧葬仪式时,芦笙是不可或缺的物件,这种芦笙与一般的"芦笙"略有不同,其发出来的声音更为悲壮。在不同的场域,芦笙的曲调也有所不同。"鼓藏节"仪式中,基于对祖先的悼念和缅怀,芦笙在整个"鼓藏节"仪式中具有重要的作用。当地苗族人民希望通过芦笙这一特殊的方式来传递他们的心声,并祈祷祖先保佑苗族人民幸福安康。

百鸟衣在苗族服饰中比较有特色,它的做工非常精美,耗时也非常长。一件完整的手工百鸟衣,一般都要2—3年的时间来完成。称之为百鸟衣,顾名思义,其制作材料离不开鸟的羽毛,而且常以白色羽毛为主,白色代表纯洁、淳朴。高排苗族百鸟衣,穿着有一定的讲究,往往在两种场合下才有幸看到:一是过节,即跳芦笙舞;二是举行丧葬仪式活动。百鸟衣在苗族"鼓藏节"中,它不仅体现主人的财富,也体现了一种与人共享的精神。在一般活动中,百鸟衣几乎都是自家人穿,外人几乎不可以穿。但是每逢"鼓藏节"时,亲朋好友都可以穿。百鸟衣在"鼓藏节"场合中,还代表一种孝道精神,同时也寄予美好未来的深意。

在高排苗寨,水牯牛是"鼓藏节"中最为常见的牲口,水牯牛将整个"鼓藏节"仪式推到顶峰。高排"鼓藏节"每13年一次,"水牯牛"是高排苗族"鼓藏节"中的必需品,也是整个"鼓藏节"仪式活动中最高祭品。苗族"鼓藏节"之所以以牛祭祀,就是希望在这个庄重的仪式中,告诫每一个苗族人民要敬畏自然、尊敬祖先。

单面铜鼓也可简称为"单鼓",因为其可敲击面为单面。高排苗族"单面铜鼓"有一种传达信息的功能。每当"鼓藏头"敲击铜鼓时,就意味着要举行某种仪式活动,告诫大家做好相关准备,迎接仪式活动。

第四章 贵州民族文化与社会发展的内在相关性 107

图 4-1 榕江高排苗族百鸟衣

例如举行斗牛活动时,敲鼓的方法和声音都有所不同。"单面铜鼓"在"鼓藏节"活动中处于神圣地位,它预示着灵魂归宿、生命之源。

在高排苗族"鼓藏节"中,鱼不可少,"鱼之所以必不可少,不仅因为其味道鲜美、富含蛋白质,而且它还象征着人丁兴旺、繁荣发展"[①]。在过去,"苗族的每个鼓社组织都有一对'略斗'(木鼓),人们用它来维系群心,保持群体凝聚力,通过增强团结来实现群体目标"[②]。总之,在高排苗族"鼓藏节"仪式活动中,每一种物件都有其特殊的文化内涵和功能。

(二)"鼓藏节"中的生态文化意识

高排苗族"鼓藏节"文化具有敬畏天地、崇尚大自然的深刻内涵。鼓藏节在进行宰牛祭祀时,需要两根木头,两端深埋在地下,形成"X"形,牛头架以"X"形上面,然后再宰牛。这一仪式之前,选择木头是非常讲究的,首先到山上去选树,单棵树不能要,所选树要有许多分支,长得十分茂盛。往往选长得十分茂盛的枫香树,在当地苗族人民的意识里,枫香树枝叶繁多,代表繁衍和发展。树选好之后,在砍之前,要有一定的砍树仪式,并有相应的祭品。这种选树仪式不仅体现了当地苗族人民敬畏自然、热爱自然的思想,同时也体现了当地苗族人民与自然和谐共生的生态理念。

(三)"鼓藏节"中族群认同与亲属维系

"鼓藏节"是苗族人民特有的文化符号,通过举行"鼓藏节"仪式来强化族群意识,增强亲属之间的情感交流,维系了苗族社会关系的稳定。

[①] 李宇:《黔东南苗族"鼓藏节"中的象征符号意义》,《赤峰学院学报(汉文哲学社会科学版)》2012年第5期,第106—108页。

[②] 于希谦:《中国南方鼓文化与地域社区生活》,昆明:云南民族出版社1995年版,第15页。

图 4-2 榕江高排苗族鼓藏节仪式展演

图 4-3 榕江高排苗族鼓藏节仪式展演

在高排苗寨,苗族人民常以"鼓藏节"加强身份认同,是血缘氏族单位全体成员参加的规格最高的祭祖活动。另外,"鼓藏节"作为一种象征符号,在高排苗寨,它往往蕴含着多重社会关系,即"宗族关系""家族关系"和"姻亲关系"等。"宗族既为聚居一地的血缘团体,与家庭意义不同,一个宗族可以包含许多家庭"[①]。高排苗族人民常以"鼓藏节"强化家族意识,凝聚团结精神,并以"鼓藏节"构建亲属结构关系。

三、"鼓藏节"的传承保护与创新发展

苗族"鼓藏节"文化的传承保护与创新发展是一脉相承的。事实上,传承保护就是尊重传统优秀文化。优秀的传统文化不仅是创新发展的基础,同时也是创新发展的有力保障,优秀的传统节日文化只有处理好传承保护与创新发展的关系问题,其生命力才永久不息。

在传承和保护原则上,以下几个方面内容都应加以传承和保护:第一,苗族"鼓藏节"中的文化内涵和形式促进我国现代化文化建设,都应加以传承和保护;第二,有利于高排苗寨及苗族地区社会稳定和发展的优秀价值观和伦理道德都要加以传承和保护;第三,有利于构建和谐社会的"鼓藏节"中的文化因子,都应予以弘扬和发展。苗族"鼓藏节"文化中蕴含着丰富的传统文化智慧,秉持科学发展的原则加以继承和保护,对于整个中华民族文化的丰富性和多样性具有重要的意义。

在苗族"鼓藏节"文化的创新发展上,应该做到以下几点:第一,在充分尊重苗族"鼓藏节"文化传统的基础上加以创新,从而使苗族"鼓藏节"文化注入新的时代因子和时代元素,使其不断充满活力;第二,在传承和保护过程中,要创造性转换和扩大"鼓藏节"的功能,使其

---

① 林耀华:《义序的宗族研究》,北京:生活·读书·新知三联书店 2006 年版,第 73 页。

为社会发展、民族团结服务;第三,借助现代化思想和科学技术的进步,推动"鼓藏节"文化的产业化发展。

苗族"鼓藏节"既是其先民的传统习俗,也是苗族文化中的重要组成部分,其内容和形式丰富多彩。深入挖掘其文化内涵及社会功能,对于构建苗族和谐社区社会具有重要的现实意义。"鼓藏节"的传承与发展,不仅有利于维护苗族地区社会的稳定和发展,同时也有利于中华民族文化的完整性和多样性并存。在尊重"鼓藏节"文化传统的基础上,秉持开放的原则和态度,调动各种参与力量和形式,努力寻求创新发展新路径,真正做到既不失优秀传统文化,也不乏时代气息和现代元素,从而使苗族"鼓藏节"文化有序、健康地发展。

第三节 贵州民族文化与社会经济发展

贵州优秀的民族传统文化,一方面构成了贵州的精神财富,另一方面成了贵州的文化资本。在社会大发展的洪流中,贵州社会经济高速前进,从一定程度上来讲,这与贵州优秀民族文化的创新发力密不可分。

一、文化资本助推经济效益

文化作为一种资源,转变为资本要素——文化资本,加入社会经济发展实践中,在市场经济条件下产生经济价值。文化资本对经济增长的作用一般体现在以下两个方面:一是文化资本具有报酬递增的特性;二是文化资本制约着人们资源、技术、制度等要素的选择[1]。可

---

[1] 高波、张志鹏:《文化资本:经济增长源泉的一种解释》,《南京大学学报(哲学·人文科学·社会科学版)》2004年第5期,第102—112页。

以说,文化既是经济发展的基础,又是经济发展的推力。贵州社会经济发展亦是如此。

表4-1 贵州省2012—2017年地区生产总值增速情况

指标	2017年	2016年	2015年	2014年	2013年	2012年
地区生产总值增速(%)	10.2	10.5	10.7	10.8	12.5	13.6
第一产业增加值增速(%)	6.7	6	6.5	6.6	5.8	8.6
第二产业增加值增速(%)	10.1	11.3	11.4	12.3	14.1	16.7
第三产业增加值增速(%)	11.5	11.4	11.1	10.4	12.6	12.1
农业(%)	6.5	5.9	6.4	6.5	5.8	8.6
农林牧渔服务业(%)	3	3.7	4.6	3.3	4.8	3.2
工业(%)	9	9.9	9.8	11.1	13.1	15.5

注:数据来源于贵州省宏观经济数据库 http://hgk.guizhou.gov.cn

从表4-1贵州省2012—2017年地区生产总值增速情况来看,其增速在10%以上,高于全国水平。其中,第一产业增加值增速在6%左右,发展速度比较稳定;第二产业增加值增速在10%以上,始终保持两位数的速度;第三产业增加值增速同样保持在10%以上,属于高速发展。

表4-2 贵州省2012—2017年地区生产总值变化情况

指标	2017年	2016年	2015年	2014年	2013年	2012年
地区生产总值(亿元)	13 605.42	11 792.35	10 541	9 300.52	8 116.34	6 878.78
第一产业增加值(亿元)	2 032.27	1 861.81	1 641.99	1 281.52	999.34	891.91
第二产业增加值(亿元)	4 970.85	4 669.53	4 175.24	3 882.17	3 297.3	2 698.06

续 表

指　标	2017年	2016年	2015年	2014年	2013年	2012年
第三产业增加值(亿元)	6 002.3	5 261.01	4 723.77	4 136.83	3 819.7	3 288.81
农业(亿元)	2 139.97	1 959.93	1 714.03	1 317.15	1 032.57	891.91
农林牧渔服务业(亿元)	107.7	98.12	72.04	35.63	33.23	30.02
工业(亿元)	3 821.4	3 715.64	3 342.99	3 165.32	2 707.29	2 237.13

注：数据来源于贵州省宏观经济数据库 http://hgk.guizhou.gov.cn

从表4-2贵州省2012—2017年地区生产总值变化情况来看，自2015年起，贵州地区生产总值突破1万亿元人民币，实现历史性跨越。从产业增加值方面来看，第三产业发展势头强劲，对全省经济贡献值较大。贵州第三产业发展迅猛，一定程度上与贵州的旅游业有关，特别是民族村寨旅游、红色文化旅游等。

表4-3　贵州省2016—2020年旅行社和星级饭店发展情况

指　标	2020年	2019年	2018年	2017年	2016年
旅行社职工人数(人)	5 833	5 253	4 572	6 866	5 873
旅行社数量(个)	703	606	311	387	364
国际旅行社数量(个)	31	29	28	28	27
国内旅行社数量(个)	672	577	311	359	337
星级饭店数量(个)	233	231	203	289	308
五星级饭店数量(个)	6	6	6	6	6
四星级饭店数量(个)	66	65	66	65	66

注：数据来源于贵州省宏观经济数据库 http://hgk.guizhou.gov.cn

从2016年至2020年,贵州因旅游业发展迅猛,不断新增许多国内、国际旅行社,新建许多星级饭店,不断增加旅游服务行业员工。从表4-3贵州省2016—2020年旅行社和星级饭店等发展的各项指标来看,发展势头良好。

表4-4 贵州省2016—2020年旅游人数和旅游总收入情况

指 标	2020年	2019年	2018年	2017年	2016年
旅游人数总计(万人次)	61 781.49	113 526.6	96 858.12	74 417.43	53 148.42
国内旅游者(万人次)	61 777.13	113 479.42	96 712	74 290.64	53 038.22
入境旅游者(人次)	116 355	471 800	1 465 539	1 267 877	1 101 925
入境旅游者-外国人(人次)	50 707	235 005	795 744	648 563	518 277
旅游总收入(亿元)	5 785.09	12 318.86	9 471.03	7 116.81	5 027.54

注:数据来源于贵州省宏观经济数据库 http://hgk.guizhou.gov.cn

从表4-4贵州省2016—2020年旅游人数和旅游收入情况来看,总体上呈现出快速发展趋势。其中,2020年旅游总人数为61 781.49万人次,相比2016年旅游人数53 148.42万人次,增加8 633.07人次;2020年国内旅游者为61 777.13万人次,相比2016年国内旅游人数53 038.22万人次,增加8 738.91万人次。从旅游总收入情况来看,2020年贵州旅游总收入为5 785.09亿元,相比2016年旅游总收入5 027.54亿元,增加了757.55亿元。

贵州旅游业迅速发展,贵州特色文化也在发力,尤其是贵州多彩的民族文化以及红色文化等。一方面,贵州的自然风景向游客展开饱览;另一方面,贵州将传统民族文化元素融入旅游业,实现了传统民族文化的经济价值,又在创新实践过程中传承和发展了传统民族文化。

二、贵州民族文化与和谐社会建构

贵州民族文化是物质财富和精神财富的融合。这些财富不仅对贵州经济快速发展起到积极的助推作用,又对贵州人民的性格形塑和和谐社会建构产生了深远的影响。例如贵州苗族的"习惯法",在黔东南苗族侗族自治州的榕江县、从江县等苗族地区以"习惯法"对人的行为作出了相关规范。如"捉到偷鱼者,罚母猪一头",偷鸡、鸭、衣物者,所罚与此相同。又如对偷粮食或进入别人家中偷东西的人,罚银子8两8钱;偷柴、菜的人,视情节轻重,罚银子3两3钱、7两7钱或8两8钱;对偷铜鼓、鹅者,除退还原物外,还要罚牛3头;对偷盗粮食者,罚肉77斤;有的罚串串肉,人多的寨子,每户可得1~2两①。在这些"习惯法"的作用和影响下,苗族人民维护了地区的社会稳定,也延续了苗族地区淳朴的民风民俗。

除苗族的"习惯法"以外,贵州还有许多类似"习惯法"的做法,如侗族的"款"组织规约、瑶族的"瑶老制"等,均对个体、群体的社会行为做出相应的规制。在这里就不一一赘述。"习惯法"源于贵州民族文化的历史基因,作为贵州民族地区的一种"制度文化",长期以来对贵州社会秩序产生过积极作用。

三、贵州民族文化与生态文明建设

生态文明已同经济建设、政治建设、文化建设、社会建设一并纳入国家"五位一体"总体布局,这为贵州生态文明建设提供了方向和制度保

---

① 徐晓光:《苗族习惯法的遗留、传承及其现代转型研究》,贵阳:贵州人民出版社2005年版,第4页。

障。在贵州许多少数民族的文化体系中蕴含着丰富的生态理念、生态文明等传统生态智慧,这些传统生态智慧一直影响着贵州少数民族地区的生态治理。例如,"贵州省榕江县苗族规定:偷砍1株杉木,罚大洋13元;贵州台江县苗族规定:砍去1株小杉树尖,罚银3两3,偷砍木柴1担,罚银3两3。"贵州省贵定县苗族规定:"偷砍2株树,罚款人民币26元,其中报口(检举)费12元。还有另一种计算方法,如偷砍他人自留山上的树,以该株树的树脚直径计算,每寸罚款5元、12元、20元不等,另加报口费若干。"①这些遗留的习俗,不仅有效地惩罚了犯事者,还对族群成员起到积极的教育作用,从而有效地保护了少数民族地区生态平衡。

表4-5 贵州省2019—2023年造林和育林情况②

指 标	2023年	2022年	2021年	2020年	2019
完成人工造林面积(万亩)	2.95	60	309.25	330.6	213.71
完成封山育林面积(万亩)	47.28	5	20	0	152.39
完成退化林修复面积(万亩)	271.41	210.06	22	89.46	154.36

表4-6 贵州省2019—2023年森林公园建设情况③

指 标	2023年	2022年	2021年	2020年	2019年
森林公园个数(个)	88	88	89	95	97
国家级森林公园个数(个)	26	26	28	30	30
省级森林公园个数(个)	45	45	45	46	46
森林公园面积(万公顷)	27.25	27.26	27.43	27.8	28.1

---

① 徐晓光:《苗族习惯法的遗留、传承及其现代转型研究》,贵阳:贵州人民出版社2005年版,第8页。
② 数据来源于贵州省宏观经济数据库 http://hgk.guizhou.gov.cn。
③ 数据来源于贵州省宏观经济数据库 http://hgk.guizhou.gov.cn。

贵州生态文明取得较好的成绩，例如贵州省自2019年至2023年在造林、育林、退化林修复、森林公园建设等方面的各项指数均保持常态，个别有所上升。这些成绩的获得，有党和国家的正确领导，也有贵州在生态文明建设方面的积极努力，其中传统文化长期以来的影响所起的作用，是潜移默化的。"传统控制也是一种强有力的共生规范，这种规范往往以道德谴责、伦理制裁为主，而且这种规范具有较强的渗透性。例如，现今的中国乡村社会，尤其是交通不便利，资讯不发达的地区。由于国家力量渗入较小，整个社区的社会秩序仍旧由传统控制为主，这时传统道德伦理、习惯法、村规民约往往成为整个社区社会的行为规范和行动指南，并逐渐成为该社区普遍公认的共生规范"①

---

① 梅军、包龙源：《共生理论视野下苗族传统生态消费文化研究》，北京：社会科学文献出版社2019年版，第16页。

第五章　贵州民族文化调适与重构态势

- 侗族大歌——人类非物质文化遗产
- 贵州民族婚姻文化的变迁
- 传统婚姻文化与现代元素的重构

换巢鸾凤·跳月[①]

[清] 陈钟祥

月地人圆。听芦笙缥缈,铜鼓喧阗。银环低坠耳,花布络垂肩。米花香入鬓云边。侬欢倚偎,情浓态妍。心两洽,手双挽,带鸾偷换。

腼腆。歌缓缓。私语马郎,今夜欢情展。月朗如灯,绿浓成幄,天正与人方便。誓水盟山订良缘,要谁系足牵红线!醉扶归,踏山歌,跳月场转。

[①] 冉砚农主编:《我爱贵州诗词选》,贵阳:贵州人民出版社2003年版,第452页。

第一节 贵州"侗族大歌"的发展历程及其文化调适

侗族,是我国古代越人的后裔,具有悠久的历史和文化,其主要分布于我国西南地区,即贵州的黔东南、广西的三江、龙胜以及湖南湘西等地。侗族大歌是侗族人民在社会生产过程中,运用自身劳作智慧创造出来的优秀民族文化。目前,其唱域主要盛行于贵州的黎平、从江、榕江以及广西的三江等地。侗族大歌无论是音律结构、演唱技艺、演唱方式和演唱场合,均与一般民间歌曲不同,它是一领众和,分高低音多声部谐唱的合唱种类,属于民间支声复调音乐歌曲。侗族大歌因其独具民族特色和人类文化价值,于2005年被列入第一批国家级非物质文化遗产保护名录,侗族大歌从此广为世人熟知。

一、"国家在场"与侗族大歌态势演变

侗族大歌的产生、演变以及发展过程,包括自然环境,又包括社会人文环境。侗族是一个具有传统农耕稻作文化特点的民族,他们大多生活在沿河沿江地带,或者地势相对较低、土壤比较开阔的地方。在侗族人民生活的大多区域内,我们可以看到成群的吊脚楼、鼓楼、风雨桥等建筑物以及肥美的良田,侗族大歌就在这样的环境下产生的。随着时代的发展,侗族大歌在新的时代不断被注入新的元素和血液。新中国成立以后,国家不断加强对民族聚居地区建设,在政策以及各种资源配置上予以大力扶持,使少数民族地区健康快速发展。在政策上,建立民族区域自治,同时加强对少数民族干部的培养。另外,国家

图 5-1　侗族大歌演唱

第五章 贵州民族文化调适与重构态势 123

图 5-2 侗族大歌演唱·黎平

还帮助少数民族建立自己的语言文字,并在法律层面上提出尊重少数民族风俗习惯、尊重民族宗教信仰自由等政策,侗族大歌在这种和谐发展的浪潮中,不断得到健康快速发展。可以说"国家在场"①为侗族大歌提供了良好的生存空间。

(一) 从"申遗"角度设场与把关

侗族大歌作为一种民族文化符号存在于民间,历史悠久,年代久远。新中国成立以前,侗族大歌常以民间自发的形式盛行于其主要生活区域,少为外人所知。侗族大歌于2005年被列入第一批国家级非物质文化遗产保护名录,并作为中国申报"人类口头及非物质遗产代表作"候选项目。随后,在国家的大力帮助下,又于2009年成功入选"人类非物质文化遗产代表作名录"。从侗族大歌成功"申遗"的角度看,国家作为坚强后盾支撑,为其设场,申遗成功过后,侗族大歌不断在世界范围内巡回展演,并广为人知。

(二) 推行民族文化进校园

侗族大歌申遗成功,为了使这一优秀的民族传统文化更好、更有序、更健康地发展下去,国家在侗族人民生活聚居区,以及侗族大歌盛行的区域内建立了相关的民族学校,以培养新一代侗族大歌接班人。笔者在黎平岩洞调查期间,走访了几所小学,目睹了当地学生们学侗语,说侗话,唱侗歌,跳侗舞的景象。民族文化进校园在这里不断呈现,侗族大歌在这里不断展演,几乎人人能说会唱,这里成了侗族大歌的另一种生境,并在此获得了更多的新鲜血液。正当大家在为侗族大歌成功申遗高兴之余,有学者在人民日报上发表了一篇题为《侗族大

---

① "国家在场"理论源于西方的场域理论,其泛指国家力量在社会生活的具体体现,主要探讨国家和社会的关系,如:国家政权建设与乡村建设;国家法制建设与民间社会秩序建设等一系列互动关系。

歌,谁在唱谁在听》的文章①,其主要探讨了黎平、榕江、从江三地部分民族村寨侗族大歌演唱情况,并为其生境以及未来发展走向感到担忧。这篇文章不禁让我们重新深思侗族大歌这张世界名片的未来发展走向问题。据黎平县相关文化部门领导介绍,当前该县正在加大民族文化教育投入力度,大力推动民族文化进校园,以确保侗族大歌后继有人。

(三) 创建民间保护协会

在侗族民族文化浓厚区域设立相关侗族文化研究协会,以探讨和研究侗族大歌未来发展走向问题。同时,还建立了专门的文化传承研究室,培养了一些民族文化传承者。这些民族文化传承者在整个侗族生活区域内,享有较高的声誉和名望。在这些侗族文化精英的积极影响下,不断有侗族大歌爱好者参与到侗族大歌的传承保护队伍中来。这种现象,在黎平岩洞等地可以找到例证。笔者在黎平岩洞调查期间,亲身体验了这种文化活动。当地侗族人民白天干活,夜里唱侗族大歌,有时他们还相聚于侗族鼓楼,男女老少放声歌唱。

(四) 政策导向提供保障

国家政策的推进及深入,使侗族大歌既有了后盾力量,又得到长足的发展。就黎平县侗族大歌传承保护工作而言,该县不仅在资金投入上加大了力度,还建立了相关法律法规来保护侗族大歌,笔者在黎平调查期间,通过与侗族群众的面对面交谈,我们了解到国家给予他们的一些奖励机制,例如有外来游客,村民只要参与演唱都会得到一

---

① 郝迎灿:《侗族大歌,谁在唱谁在听》,《人民日报》,2013年12月17日,第12版。

些补助。这样做不仅有利于调动村民参与的积极性,同时也可以加强他们自身的文化自信和自觉,国家奖励机制的推进,以及法律措施的有力保障,为侗族大歌文化的催生和发展提供了新的场域,为侗族大歌营造一种新的生存环境,即以传统生境为依托,以国家政策为导向的生存模式。

二、现代化视域中的侗族大歌符号性特征

(一) 经济价值的呈现

著名人类学家、功能主义学派创始人马林诺夫斯基《文化论》:"一个物品成为文化的一部分是其有能满足人类需要的地方。需要导致文化产生,文化反过来满足需要。"[①]侗族大歌在相对较长的历史时期内,其作用和意义主要表现在侗族人民的精神领域。随着社会发展,其价值和作用在侗族人民的经济生活领域不断得到体现,尤其是侗族大歌成功申遗后更为凸显。在黎平调查期间,我们据部分侗族村民及地方官员反映了解到,自从侗族大歌成功申遗后,在政府的引导下,通过侗族大歌文化的改造和创新,将文化资源优势不断进行整合,并转化为经济资源优势,从而增加侗族人民的生活收入,主要体现在旅游行业财政收入上。

(二) 政治意义的展演

优秀的文化可以带来良好的政治效应。就侗族大歌成功申遗而言,充分体现了国家的文化形象。给国家形象带来不同程度的文化提升。侗族人民可以通过侗族大歌这一符号来增强民族自信心,寻

---

① [英] 马林诺夫斯基著,费孝通译:《文化论》,北京:中国民间文艺出版社出版 1987 年版,第 16 页。

找民族心理认同。同样侗族大歌在世界各地巡演,展现了国家的文化自信。

(三)民族形象的代言

侗族人民展演侗族大歌,呈现自己的优秀民族文化,展示自己民族独特的民族魅力和风采,提高整体民族形象。威廉·A.哈维兰在其《文化人类学》中说道:"音乐还是强有力的身份标志。很多边缘群体使用音乐是为了自我认识,而在许多情况下,则是针对一种强势文化的冲击而提出他们自己的文化形式,或者是为了表达社会和政治评论的需要。"①

三、"国家在场"与侗族大歌的良性互动

侗族大歌得到国家政策的帮扶。获得了宽阔的发展生存空间,但大家都在反思侗族大歌的未来发展问题,并在不同层面上努力为侗族大歌探索传承保护以及发展路径。笔者认为,协调好"国家在场"与侗族大歌文化持有者之间的协作关系,对侗族大歌的未来发展具有深远意义。

(一)"国家在场"与侗族大歌协同发展

国家力量对社会、经济、文化等领域作用重大。就侗族大歌的未来发展规划而言,政府更多的是扮演引导者,在许多方面应该将自主权让渡于侗族人民自己,使他们自觉参与侗族大歌的发展中,一种文化的发展应遵循自身发展规律,顺应时代发展浪潮。

---

① [美]威廉·A.哈维兰著,瞿铁鹏等译:《文化人类学》,上海:上海社会科学院出版社2009年版,第374页。

(二) 侗族大歌的主体性

侗族大歌这一文化符号的持有者,始终是侗族大歌文化的重要传承者和担当者。应该通过侗族民族这一共同体,来促进侗歌文化的发展,他们既是侗族大歌的展演者,又是这个文化舞台的主角。根植于侗族人民的积极参与,在人民生活中获得新生和动力。侗族大歌是侗族人民在社会发展的历史进程中,智慧劳作的结果,侗族人民始终是其创造者、持有者,更是其传承者、发扬者。

侗族大歌不断被世人所熟知,并获得了一些新的生境,其价值和意义更加深远,这主要得益于"国家在场"和侗族大歌这一文化符号持有者之间良好协作的结果。总之,在参与侗族大歌传承与保护和发展过程中,"国家在场"始终要适度,文化符号持有者的主体性不能动。

第二节　贵州民族婚姻文化嬗变与重构态势

婚姻是人类实现自我衍生和持续发展的关键环节,对于社会稳定与和谐具有不可替代的作用。"婚姻是指男女两性的结合,而且这种结合就是为一定历史时代和一定地区内社会制度及其文化和伦理道德规范所认可的夫妻关系,婚姻关系的成立,意味着夫妻双方彼此存在着各种权利和义务。"[1]而人类学学者认为:"婚姻是排除了杂乱的性交状态而建立起来的一种文化制度"[2],即"婚姻是以法律的、经济

---

[1] 林耀华:《民族学通论》,北京:中央民族大学出版社1997年版,第301页。

[2] 庄孔韶:《人类学概论》,北京:中国人民大学出版社2006年版,第261页。

的、社会的力量为后盾"①。

在传统社会里,贵州各民族婚姻文化具有各自的特点,但随着社会的发展,其原有的文化结构不断被重构,各民族的婚姻文化也发生了变化,例如恋爱方式、嫁娶仪式等。本节以贵州省高排苗寨为个案,试图在现代性强势介入的时代洪流中,进一步探讨贵州民族婚姻文化嬗变动因以及重构力量。高排苗寨现有400多户居民,该村的民族构成主要是苗族、汉族、水族,其中苗族占96%。在传统社会里,高排苗寨形成了一套独具民族特色以及地方性特点的传统文化,这套传统文化成为该社区的行为规范和道德标准。然而,随着时代发展,这种传统习俗也在发生着深刻的变化,包括恋爱方式、婚姻规则以及嫁娶仪式等。

一、恋爱场域的改变与现代化互动方式

(一) 约会地点的变化

在实地调查中发现,高排苗寨的成年男女在恋爱时有许多讲究,如婚恋地点。在当地,成年男女谈恋爱,地点往往选择在山坡上。从某种程度上来说,山坡是他们各自表达爱意的场域。在恋爱的过程中,倘若想约自己心爱的人,只要在对方必经之路,打一个草标(前提是双方必须知晓这种草标的寓意)或打一声暗号,便会将个人的爱意信息传达给对方,对方也会因此做出相应的回应。在高排苗寨,把恋爱场所设置在山上,主要取决当地长期以来所形成的传统民族习俗。在传统社会,当地男女双方不准在家谈恋爱,因为这会被认为是一种不尊重父母及族人的行为。然而,随着时代发展,男女间的恋爱场所

---

① [美]威廉·A.哈维兰著,瞿铁鹏等译:《文化人类学》,上海:上海社会科学院出版社2009年版,第239页。

逐渐由原来的山坡上移到家里。

(二) 互动方式多元化

20世纪90年代以前,在高排苗寨仍可看到热恋中的男女,几乎个个能歌善舞。在恋爱中,他们经常以歌舞来表达自己内心的爱意。在当地只要能歌善舞,寻找对象几乎没有太大问题,而且会比一般人更具恋爱优势。因为在当地人的意识里,如果一个人能歌善舞,那么他(她)必然是一个通情达理之人。因此,高排苗寨曾掀起学习苗歌的浪潮。然而,随着时间的推移以及社会的发展。学习苗族歌曲的人越来越少,尤其是20世纪90年代后出生的人,苗族歌曲不再是他们谈情说爱的首选方式,他们更倾向于自由化、现代化、多元化的交流方式,如手机、电脑等方式。总而言之,随着社会不断向前发展,当地传统婚恋方式已不再能满足年轻人的要求,他们的恋爱方式,正不断向多元化、现代化转变,"文化总是处在不断地吸收、融合、变化、发展之中,并呈一种前后相继的连续性状态"①。苗族的恋爱方式亦是如此,在传统与现代的博弈中重构。

二、婚姻的传统首选对象与通婚半径扩大

(一) 族内婚到多族通婚

20世纪80年代以前,在高排苗寨人民的眼里,通婚对象的范围,最佳的选择是本民族,并且是本寨的苗族,须有亲戚关系;其次是其他村寨的苗族,但一定是品德优良的对象。在传统社会里,当地苗族原则上不与其他民族通婚,他们往往不把"异族"人列入自己

---

① 鲍宇:《整合与重构:全球化视阈下的中国文化重构》,北京:原子能出版社2007年版,第58页。

选择对象的范围,因为他们害怕与异族通婚带来不幸的婚姻后果。有时他们宁愿放弃自己心爱的人,也不愿意去与这种传统的婚姻规则"较劲",只能做无奈的选择和承受被动的痛苦。长期以来,当地人一直遵行着这种规则,谁都不敢去触犯,更不会轻易去做解除规则的尝试。在当地,"异族婚"也可以称之为族际婚,通常情况下,"它不仅被本族群认为是通婚者个人的私事,在许多场景下,这种族群认同观念和相应的凝聚力会使本族的父母、亲属、家族、社区对于子女、族人的跨民族通婚表示他们或者赞同或者反对的意见。两族成员之间的通婚愿望,是得到本族人群体的支持还是反对,在某种意义上被视作体现两族关系总体水平的重要标志之一"①。因此,当地的"异族婚"或"族际婚"只有得到双方父母及族人的认同,婚姻当事人的关系乃至两个族人间的关系才能得到稳定和发展。因此,苗族内婚制一直是当地婚配的首选。

但随着时间的推移,社会的发展,高排苗寨人民的思想观念也在逐渐发生变化,择偶范围也在不断扩大,寨中开始有了一些"异族婚"的家庭。如在2012年,高排苗寨增加了四对"异族婚"新人。目前四对"异族婚"新人的婚姻状态均良好。当地的婚姻结构、婚姻模式等,正随着"异族婚"现象的不断增多而发生着深刻的变化。如今,在高排苗寨人民看来,倘若本村男孩能够迎娶到外地外族的女孩,则被当地人视为一种本事;而一个女孩要能远嫁他乡"异族",则说明这女孩贤惠,有能力等。在过去,要是女孩子远嫁他乡"异族",则说明这女孩不够贤惠,要是一个男子远娶"异族"女性,则被视为没本事和出息,在当地"无法混",才远娶。随着"异族婚"队伍的不断扩大,高排苗寨不再是单一的苗族村寨,其婚姻家庭已不再单一的本民族。随着"国家社会取代了宗亲、姻亲以及社区的许多职能,同时亲属网络也难以以原

---

① 马戎:《民族与社会发展》,北京:民族出版社2001年版,第166页。

有的规则去要求年轻的一代,因为他们已经超出了亲属的'势力场所'和本地的'舆论范围',个体间的自由婚姻必然突破原有的婚姻壁垒,使得族际婚成为更多的可能"①。

(二) 通婚半径扩大

在20世纪80年代,高排苗寨男女通婚的范围,大多锁定在本寨,婚姻之事几乎都在本寨完成,甚至有些村落间被禁止通婚,如高排苗寨与JCC②苗寨。在很长一段时间,这两个苗寨一直被禁止通婚,主要取决于历史原因。早年,由于高排苗寨与JCC苗寨存在土地纠纷一事,于是双方在两个村寨的交界处杀牛立誓,两村寨互不通婚,于是这个誓言一直延续至今。但现在有些好转。高排苗寨也不再局限于本寨通婚,与BBC苗族、BJC苗寨来往和通婚相对较多。因为BBC苗寨、BJC苗寨大多数是苗族,加上村寨间关系相对和谐。近年来,随着社会经济的发展,人口的增多,思想观念的转变,高排苗寨的通婚半径不断扩大,婚姻大事不再局限于本寨,而是有更多的选择性,其通婚规则不断走向理性化和多元化。

(三) 同姓、"兄弟姓"不婚被弱化

在高排苗寨传统规范里,同姓通婚通常被禁止。倘若出现这种婚姻和家庭,则会受到众人的批评,甚至"诅咒"。此种婚姻家庭一旦确立,那么今后的婚姻生活中则会面临诸多难题。其实像高排苗寨这种情况,在我国许多少数民族地区仍有遗风。2013年,笔者在高排苗寨通过调查,发现了几组青年男女因姓氏相同而不能通婚的范例。在访

---

① 刘锋、吴小花:《苗族婚姻制度变迁六十年——以贵州省施秉县夯巴寨为例》,《民族研究》2009年第2期,第38—46、109页。

② 按,JCC、BBC、BJC指为保护研究对象的隐私,不便于公开名称的苗寨,故在行文中以相关字母代替。

第五章 贵州民族文化调适与重构态势 133

图 5-3 榕江苗族婚礼仪式现场

图 5-4 榕江苗族婚礼中的新郎新娘

谈中了解到,这几组男女双方感情均十分融洽,但最终均未成婚,原因很简单,当地婚姻规则里面有"同姓不婚""兄弟姓不婚"的规定。在高排苗寨当地人心里,无论相距多远,只要是同姓,便是"五湖四海皆兄弟",即使是远方来的客人,只要姓氏与当地人的姓氏相同,他们会视为亲人一样看待,因为在他们心里,视你为族内之人,堂内家人。因此,在过去的年月里,同姓通婚是不被接受的,这种婚姻所组成的家庭也很少得到祝福。

同样,"兄弟姓"不婚在高排苗寨过去也是被严格禁止的。一旦有人违犯,将会受到严厉的惩罚。"兄弟姓"一般来说几乎没有血缘关系,纯属友谊、互爱关系。通过调查了解到高排苗寨"兄弟姓"是由于一方或双方均处在艰难的条件下,为了应对或克服困难而结成的,是彼此实现各自诉求的结果。"兄弟姓"一旦被确立,几乎所有的当地社会实践活动均要按照"兄弟姓"的规约来进行。无论"兄弟姓"中的哪一方办喜事或丧事,另一方将会毫无理由地提供帮助,如高排苗寨韦姓家族有事,"兄弟姓"中的杨姓、吴姓便会出面帮忙,反之一样。另外,高排苗寨还有一种比较特殊的"兄弟姓",当地人称为"老庚"。"老庚"意思是两人结为兄弟或姐妹,共患难,共分享。一旦确立"老庚"关系,两姓氏族人间不能通婚,且彼此有事共商互相提供帮助。然而,随着时代推移,近几年来"兄弟姓"不婚的情况逐渐发生改变,即使是同姓,只要没有血亲关系,就可以通婚。"兄弟姓"不可以通婚的习俗在慢慢改变,"老庚"两个当事人的家族只要不是近亲,便可以通婚。

三、传统婚姻"权威"及其"让渡"态势

(一) 传统的"门当户对"婚姻观念被淡化

在传统社会里,高排苗寨如同我国许多传统民族村寨一样,比较注重"门当户对"。一般来说,这种"门当户对"的婚姻要求,主要涉及

双方的财产,包括田地、树林、山林、现有财产等。同时,也看对方的人品,以及其家庭关系是否和睦,对方父母是否有能力,有"背景"等。在传统乡村社会里,极易形成"地域内婚,阶级内婚以及重家族和家庭的'门当户对'的通婚观念,它主要体现为经济与政治关系而形成的良贱(阶级)内婚,以及以家望与世系而形成的士庶(阶级)内婚两种"[①]。不过随着社会的发展,人们的婚姻观念发生了很大的变化,在追求门当户对的同时,人们更注重男女双方的个人能力,只要男女相爱,彼此信任,便可以结婚。

(二) "父母之命,婚妁之言"思想逐渐退出婚姻舞台

20 世纪 80 年代以前,在高排苗寨父母的话语十分有"份量",即拥有绝对优势的话语权,男女间婚姻大事必须通过父母来"裁决",即使男女双方十分相爱或不相爱,也都必须听从父母的命令,不得违抗。随着社会发展进步,这种情况得到了好转,男女双方只要彼此喜爱,即可直接将对方带进家门,相互拜见双方父母。即便双方父母反对,只要男女双方彼此喜爱,双方父母也只好遂了子女们的心愿。由此可见,苗族的传统婚姻"权威"体系正逐渐面临着解体和重构。

(三) 婚姻文化中的"父权"地位逐渐被弱化

同其他传统村落一样,过去高排苗寨是一个重男轻女的村寨,家里一切大小事务,均由男人说了算,包括婚姻。因此,在高排苗寨通婚,必须得到其父亲的同意,否则这桩婚姻便不能"生效"。即使男女双方互相喜爱,也得到母亲同意,但也不能结婚。这种现象正随着时间的推移而逐渐在发生着变化,父亲在婚姻家庭中,不再具有绝对的

---

① 刘锋、吴小花:《苗族婚姻制度变迁六十年——以贵州省施秉县夯巴寨为例》,《民族研究》2009 年第 2 期,第 38—46 页。

话语权,这种话语权开始由"父权"主导转移到婚姻当事人双方手中,"父权"逐渐被弱化。

四、婚俗中"传统控制"弱化与仪式从简

(一) 从严格遵守到合理解除

高排苗寨是一个比较注重传统文化的民族村寨,即使社会发展到今天,传统文化对当地人民的生活方式、行为方式影响仍旧巨大。在传统的社会里,婚姻双方的家庭比较注重"门当户对",而且当地的姑舅表婚也比较盛行。如果从现代遗传学角度来审视的话,这种婚姻无疑是不符合现代科学的。随着民族教育的发展,以及当地知识分子群体数量的不断增多,人们了解到了姑舅表婚的危害性。如今,当地男女在选择婚恋对象时,不仅对自己的婚姻大事有了明确的选择范围,科学知识的了解也促使姑舅表婚婚姻数量的不断减少。姑舅之间,不再有对彼此儿女通婚首选的权利和义务,改变为自由选择婚配。传统的"门当户对"婚姻观念也逐渐被弱化,严格的传统婚姻规则得到合理的解除。

(二) 婚姻仪式从繁琐到简单

高排苗寨具有一套独特的传统婚姻仪式。在当地,几乎每一对"新人",都要举行这套传统婚姻仪式,只有这样男女的婚姻生活才能得到大家的认同。随着社会发展,虽然在高排苗寨仍旧能看到这套文化仪式的影子,但婚姻仪式中的内容却有所变化。2013年初春,笔者有幸参加了一对新人的婚礼,男方是当地的包氏家族BLC,女方是邻村人,即BJC苗寨的陆姓女孩LYJ。笔者对该婚礼仪式进行全程调研,发现他们的婚姻仪式基本按照传统的方式进行,但整个婚礼仪式上,现代性元素和气息也不断增多。

(三)"未婚先孕"的现象从排挤到被接纳

传统上说,高排苗寨里,"未婚先孕"是被禁止的。因此,在高排苗寨里,"未婚先孕"的现象很少出现。但随着社会的发展,以及外出打工潮的兴起,"未婚先孕"的现象逐渐增多。关于"未婚先孕"有这两种可能:一是工作忙,顾不上,于是延迟举行婚姻仪式;二是家庭经济条件受限,于是先生小孩,婚姻仪式延后再办。故而,"未婚先孕"也开始得到人们的理解和接纳。但这种婚姻必须征得男女双方父母的认同,否则"未婚先孕"的婚姻会受到严重的挑战。苗族原有的婚姻观念逐渐发生变化,苗族传统婚俗文化也进行了科学合理的调适。

婚姻文化作为社会文化的重要组成部分之一,在社会变革的剧烈影响下,必然引起各种调适,苗族婚俗文化亦是如此。随着现代化步伐的加快,原本相对传统的高排苗寨婚姻习俗也不断发生着深刻的变化,从恋爱方式到通婚半径,再到通婚规则和通婚仪式无不深受现代性的影响。当地苗族传统婚俗的"妥协"与"让步",客观上不仅实现了当地人对现代婚姻文化的诉求,同时也将当地苗族传统文化与现代文化元素有机结合起来,进行着新一轮的文化重构,继而实现苗族传统文化与现代文化的共生。

第六章　贵州民族文化刺绣技艺的继承与应用推广

∻ 苗绣——人类物质文化和精神文化的结晶
∻ 贵州刺绣文化的民族特质
∻ 贵州刺绣文化的活态传承

即　目[1]

[清] 林则徐

万笏尖中路渐成，
远看如削近还平。
不知身与诸天接，
却讶云从下界生。
飞瀑正拖千嶂雨，
斜阳先放一峰晴。
眼前直觉群山小，
罗列儿孙未得名。

---

[1] 霍松林：《霍松林历代好诗诠评》，西安：陕西师范大学出版总社，2018年版，第639页。

2021年2月,习近平总书记到贵州省毕节市黔西市新仁苗族乡化屋村考察调研,在扶贫车间里,一件件精美的手工苗绣服装、特色小饰品等吸引了习近平总书记的目光。他对当地人民说:"苗绣既是传统的也是时尚的,你们一针一线绣出来,何其精彩!一定要发扬光大苗绣,既能继承弘扬民族文化、传统文化,也能为扶贫产业、乡村振兴作出贡献。"[①]刺绣作为人类物质文化和精神文化的结晶,其历史意义、文化意义、现实意义,不言而喻。就贵州民族刺绣的现实意义而言,其与乡村文化振兴具有诸多耦合性,是贵州民族刺绣助力乡村振兴和实现现代转型的重要路径。

第一节 贵州民族刺绣研究回顾

一、研究回顾及发展前提

刺绣文化作为贵州民族文化的重要组成部分,受到学界的高度关注,并形成了许多研究成果。贵州民族刺绣研究主要聚焦于图案花纹、刺绣技法、符号内涵、保护传承、开发应用等领域。

(一)关于刺绣图案花纹研究

有学者认为,"贵州民族文化是相对多元化的产物集合体,是构成

---

① 参见新华网 http://www.xinhuanet.com/politics/leaders/2021-02/04/c_1127062698.htm。

其独具魅力的重要因素。贵州民间刺绣艺术是以文化形态和视觉图像为根本存在的,它深深地打上了贵州多元文化的烙印"①。贵州刺绣图案花纹方面,具有诸多共性。例如,"水族马尾绣在七十二寨侗族和盘瓘苗族的服装上大面积出现,并且两个民族对马尾绣图案纹样、装饰位置、色彩搭配的审美意趣非常相似,服饰难分彼此,只是在图案纹样和银饰上略有差异。相似的服饰风格反映的是侗、苗、水族之间友好的族际往来关系和一致的审美喜好"②。许多研究者认为,贵州民族刺绣图案主要来自大自然的动物、植物。例如,就苗族刺绣纹样而言,主要有鱼纹、蛙纹、蝴蝶纹、龙纹、鸟纹等③。又如,侗族刺绣主要以大自然中的龙、蛇、鸟、蝴蝶等动物为纹样,在植物纹样方面,则以梅花、桃花、葫芦、柿子等植物纹样为主④。

(二) 关于刺绣技法研究

对贵州民族刺绣技法探讨较为系统的学者主要是贵州省艺术文化研究院杨晓辉研究员,其详细分析了贵州苗族、侗族、布依族、水族等民族刺绣发展,同时对各民族刺绣技法进行了归纳和总结。其认为贵州苗族刺绣技法主要有平绣、破线绣、辫绣、打籽绣、堆绣、布贴绣、锡绣、数纱绣、挑绣、皱绣、锁绣、盘绣、绞钉绣等;侗族刺绣针法繁多,有缠线绣、连环锁绣、铺绒绣、平绣、叠绣、结子绣、错针绣、盘绣等;布依族刺绣的技法多种多样,有平绣、绉绣、缠绣、挑绣、编绣、剪贴绣等;

---

① 参见王书万:《贵州民间刺绣绘画艺术试述》,《贵州民族研究》1998 年第 2 期,第 117—120 页。

② 参见张云婕:《侗族传统服装艺术研究》,湖南师范大学博士学位论文,2019 年,第 192—193 页。

③ 钟世梅:《贵州苗族刺绣中常见动物纹样浅析》,《中国民族博览》2020 年第 18 期,第 7—9 页。

④ 参见邓文慧:《从江侗族刺绣纹样研究》,湖南工业大学硕士学位论文,2012 年,第 27—39 页。

水族用马尾制作而成的马尾绣,具有浅浮雕感,造型抽象,图案夸张,线条丰满流畅,有很强的装饰性,同时结合运用了结绣、平绣等针法①。

贵州安顺屯堡文化是明朝洪武年间军民向西南迁移,并与当地族群杂居融合所形成的文化现象。屯堡人民既有汉族的文化基因,又有少数民族的文化基因。屯堡民间刺绣技法主要有中国传统的平绣、锁绣、堆绣②。贵州各民族刺绣技法虽有各自特点,但也有许多共性,例如平绣、锁绣、叠绣等技法被许多民族共同运用,这也是贵州各民族间长期交往交流交融的结果。

(三) 关于刺绣文化内涵研究

吴平、杨竑认为苗族刺绣创作主题主要基于对生存环境、生命意义的认识和感受,既有对祖先的缅怀和自然的崇拜,又有对生命的感悟和情感的寄托。③ 彭文艳以贵州册亨县布依族刺绣藏品为例,分析了布依族刺绣的八大特征,认为布依刺绣凝结了布依族珍贵的生命印记和活态的文化基因,深刻反映了布依族的文明历史和智慧水平④。"在侗族刺绣中,织绣品的母体图案,一般都由自然物或神物占据,人物只能安排在子体图案中。即使在母体图案中出现,也只是居陪衬之位置。"⑤从苗族、布依族、侗族等民族刺绣的文

---

① 参见杨晓辉:《贵州少数民族民间蜡染与刺绣》,《美术》2014年第6期,第122—125页。
② 参见罗文帝:《浅谈贵州屯堡民间刺绣艺术》,《美与时代》2011年第2期,第64—65页。
③ 参见吴平、杨竑:《贵州苗族刺绣文化内涵及技艺初探》,《贵州民族学院学报(哲学社会科学版)》2006年第3期,第118—124页。
④ 参见彭文艳:《布依族刺绣图案的文化内涵与美学意义——以册亨布依族博物馆刺绣藏品为例》,《大众文艺》2017年第15期,第60页。
⑤ 温婷:《论侗族刺绣的审美意蕴》,《广西民族师范学院学报》2011年第5期,第39—41页。

化内涵看,主要存在两个基本指向:一是自然界,二是人类社会生活。也就是说,自然和生活是贵州民族刺绣创作的两大母题。可见,"天人合一"的理念始终贯穿于贵州民族刺绣文化的整个发展历程。

（四）关于刺绣保护传承与开发应用研究

关于刺绣保护传承问题,罗林①、王至强、陈海红②等人探讨了贵州苗族刺绣的传承路径;肖海线、曾丽容、黄旭③等人探讨了布依族刺绣传承方式;纪聪聪、周莹④、马德东⑤等分析了水族马尾绣的工艺特点和活态传承路径。贵州民族刺绣工艺作为民族文化深层记忆的载体,在地域文化传承和民族文化空间的营造中有着积极的作用。贵州民族刺绣工艺实现传承有序、可持续发展,则需要优化经济结构、培养青少年的民族文化保护传承意识,积极推动民族文化进校园。⑥

从开发应用方面看,学界关注和探讨贵州民族刺绣图案花纹元素在现代服饰设计中的应用,以及在旅游商品研发方面的应用有积极意义。"贵州少数民族刺绣作为一种原生态的民族文化,其在现

---

① 罗林:《试论苗族刺绣的传承与保护》,《贵州民族研究》2008年第5期,第66—70页。
② 王至强、陈海红:《苗族刺绣的传承与现状——以黔东南苗族刺绣为例》,《凯里学院学报》2015年第2期,第36—37页。
③ 肖海线、曾丽容、黄旭:《望谟县布依族刺绣的传承与发展分析》,《新西部》2019年第18期,第38—39+32页。
④ 纪聪聪、周莹:《三都水族马尾绣的工艺特点与传承发展》,《丝绸》2020年第6期,第76—80页。
⑤ 马德东:《三都水族马尾绣背扇的符号研究与活化传承》,《文化产业》2021年第21期,第53—54页。
⑥ 马预其:《当代语境下贵州少数民族民间手工艺的传承与发展》,《美与时代》2017年第11期,第39—41页。

图 6-1 松桃苗绣鸽子花

图6-2 苗绣·贵阳花溪

代服装上的运用主要体现在审美价值和经济效益上"①。贵州苗族刺绣在现代服装设计中的创新运用需要从纹样创新、技艺创新、材料创新等三个方面进行着眼②。近年来,贵州民族刺绣手工艺产业化和品牌建设初见成效,但"品牌缺乏、市场狭小、交易平台有限、产业化发展水平不高、发展模式可持续性不强等一系列问题仍然存在"③。

在乡村振兴战略作用下,乡村文化重构与振兴已成为当前我国乡村发展的主要态势。"文化重构既是推进乡风文明的基本措施,也是整合乡村力量的基本手段,更是保护乡村文化多样性的基本对策。"④传统文化迎来了新的发展机遇,文化产业化与文化资本化逐渐成为乡村文化振兴的基本实践逻辑。深入研究和解码贵州民族刺绣文化基因,对于保护中华民族文化多样性,以及构建贵州文化高地和推动贵州民族地区乡村振兴具有重要的意义。

二、贵州民族刺绣文化持续发展的三个基本前提

多民族杂居的历史格局,为民族交往交流交融奠定了坚实基础。文化交融有其自身的历史渊源和社会环境,贵州民族刺绣文化亦是如此。

---

① 张莎莎:《贵州少数民族刺绣文化产业的开发》,《贵州民族研究》2012年第2期,第54—58页。
② 刘俊:《贵州苗族刺绣在现代服装设计中的创新运用》,《中国艺术家》2019年第3期,第132—133页。
③ 张娟、张晓松:《贵州民族手工艺旅游商品品牌建设与产业化发展研究》,《贵阳学院学报(自然科学版)》2014年第1期,第1—5页。
④ 李军明、向轼:《论乡村振兴中的文化重构》,《广西民族研究》2018年第5期,第95—103页。

（一）多民族共生的历史渊源

贵州是一个多民族省份，仅世居少数民族就有苗族、布依族、侗族、土家族、彝族、仡佬族、水族、回族、白族、瑶族、壮族、畲族、毛南族、满族、蒙古族、仫佬族、羌族等17个民族。贵州少数民族人口众多，多民族大杂居、小聚居。贵州历史是一部社会变迁、文化融合、民族融合的发展史①。古代贵州各民族服饰文化交融存在多种现象，既有少数民族借鉴汉族的现象，也有汉族借鉴少数民族的现象，以及少数民族间相互借鉴的现象。具体到刺绣文化而言，贵州各民族在图案和色彩选取上具有高度的一致性，这从另一个层面充分反映了贵州各民族在审美、价值观等方面存在诸多共同性，同时也映射出了贵州各民族和睦相处与文化深度交融的美好图景。

（二）文化交融的政治环境

新中国成立以来，始终把民族平等和民族团结作为民族政策的出发点和落脚点，"社会主义新型民族关系逐渐形成，平等、团结、互助、和谐的民族关系特点愈发突出"②。进入21世纪，贵州深入贯彻党的民族政策，积极开展民族团结进步创建活动，各民族交往、交流的通道更加通畅，文化交融的广度和深度得到了全面的提升。党的民族政策为贵州民族文化交融提供了政治保障，促进了各民族平等互动，推动了中华民族多元化共生。

---

① 龚锐、金燕、杨昌儒：《概念、方法与视野——贵州建省六百年民族关系与民族问题再思考》，《贵州民族研究》2008年第5期，第147—156页。

② 刘吉昌、刘勇、李俊伟：《论60年来贵州民族关系发展及趋势》，《贵州民族学院学报（哲学社会科学版）》2010年第1期，第65—71页。

(三) 文化交融的社会环境

新中国成立以来,各民族不仅在政治上得到前未有的解放,同时在经济上也得到了快速的发展。平等的民族政策为各民族平等交往交流提供了坚实的政治保障,便捷和发达的交通条件为各民族交往、交流提供了便利。在平等、团结、互助、和谐的民族政策和经济发展交通便利等条件的作用下,贵州社会环境良性发展,各民族文化互嵌及文化交融程度不断加深。

第二节 贵州民族刺绣文化基因功能

在实施乡村振兴战略过程中解码乡村文化基因,一方面可激发乡村主体的创造力,另一方面可有效地盘活乡村文化资源,使其成为经济社会发展的文化资本。

(一) 文化基因概念的历史缘起与重塑过程

目前,学界普遍认为最先探讨文化基因的人是美国人类学家克罗伯(Alfred L. Kroeber)和克莱德·克拉克洪(Clyde Kluckhohn),他们最早设想文化是否有类似于生物基因(Gene)的基本单位,随后又有许多学者提出"特征丛(Trait-complex)""行子(Actone)"为文化的最小单位。1976年,英国生物学家理查德·道金斯(Richard Dawkins)出版了《自私的基因(Selfish Gene)》一书,并提出了"文化拟子"概念,以此分析文化演化脉络。在道金斯看来,Meme(拟子)一词与英语中的"记忆"(Memory)相近,与法语中的"同样"或"自己"(Meme)在拼写上完全相同。因此,他认为Meme(拟子)是一个用来表述文化复制最小单位的最佳概念①。

自理查德·道金斯(Richard Dawkins)提出以 Meme(拟子)表述文化基因后,引起了学术界的热议,并形成了文化基因研究热潮。其中,苏珊·布莱克摩尔(Susan Blackmere)、汉斯·赛斯史比尔(Hans-Cees Speel)等学者对 Meme(拟子)展开了深入研究。整体而言,外国学者普遍认为文化也有自身的遗传基因和遗传规律,而 Meme(拟子)具有很强的复制性,且以记忆的形式复制在人们的脑中。与国外相比,国内文化基因研究相对起步较晚,且主要集中在哲学、社会学、文化人类学等领域,其中学者刘长林、刘植慧、王东、毕文波、徐杰舜、吴秋林等人较早对文化基因展开了深入而系统研究。近年来,国内关注文化基因研究的人越来越多,研究视角逐渐多元化,研究成果不断增多。从研究成果影响力来看,赵传海、毕文波、蒋玉跃、赵鹤龄、杨绎梅、吴秋林、王海宁、张鸿雁、罗彦等人的文献被引频次较高(见表6-1)②。

表6-1 被引频次排名前十的论文

作者	题 名	来 源	发表时间(年)
赵传海	论文化基因及其社会功能	河南社会科学	2008
毕文波	当代中国新文化基因若干问题思考提纲	南京政治学院学报	2001
蒋玉跃等人	美国竞技体育人才培养模式的文化基因	体育文化导刊	2003

---

① 参见韦森:《文化与制序》,上海:上海人民出版社2003年版,第46—65页。
② 截至2022年1月10日,从CNKI收录情况来看,仅中文核心期刊文献和CSSCI期刊文献就有300多篇。由于篇幅有限,本研究只截取被引排名前10的文献。

续 表

作者	题　名	来　源	发表时间（年）
赵鹤龄等人	文化基因的谱系图构建与传承路径研究——以古滇国文化基因为例	现代城市研究	2014
杨绛梅等人	自由教育理念与职业体育价值观的互动与融合——美国竞技体育人才培养模式的文化基因	北京体育大学学报	2004
吴秋林	文化基因新论：文化人类学的一种可能表达路径	民族研究	2013
王海宁	聚落形态的文化基因解析——以贵州省青岩镇为例	规划师	2008
张鸿雁	人类城市化的"城市文化基因"与"城市社会再造文化因子"论——城市社会进化的人类学与社会学新视角	社会科学	2003
罗彦等人	数字时代的文化基因重组——我国文化遗产数字化现状与未来发展	科技进步与对策	2004
王兴中等人	地域文化基因再现及人本观转基因空间控制理念	人文地理	2014

文化基因是决定文化系统传承与变化的基本因子、基本要素,它是人类文化系统的遗传密码,其核心内容是思维方式和价值观念。① 有的学者则把内在于各种文化现象中,并且具有在时间和空间上得以传承和展开能力的基本理念或基本精神,以及具有这种能力的文化表达或表现形式的基本风格叫作文化基因。② 实际上,文化基因是文化类型的存

---

① 王东:《中华文明的文化基因与现代传承(专题讨论)中华文明的五次辉煌与文化基因中的五大核心理念》,《河北学刊》2003年第5期,第130—134,147页。
② 毕文波:《当代中国新文化基因若干问题思考提纲》,《南京政治学院学报》2001年第2期,第27—31页。

在根本,每一种能够成为独立文化类型的文化都深深根源于自己的文化基因特性之中。① 文化基因具有影响的普遍性、传承的连续性、存在的内隐性、作用的独特性等特征。②

(二) 贵州民族刺绣文化基因重构

贵州民族刺绣技法精湛、纹样繁多、色彩绚丽,那么民族刺绣文化基因到底是什么?概括起来主要包括技法基因、纹样基因、色彩基因及其核心价值观念。如果用两个字来概括的话,那就是"形"和"神"。民族刺绣的"形"主要体现在其物质性上,而"神"则是民族刺绣工艺的核心文化观念。贵州民族刺绣文化基因具有强大的功能:

第一,文化传承功能。民族刺绣文化是贵州民族文化的重要组成部分,是贵州民族文化物质文化和精神文化的结晶。民族刺绣蕴含着丰富的历史文化信息。从某种层面上讲,民族刺绣文化基因促进了贵州民族文化的所以世代相传。所以民族刺绣文化基因具有强大的文化传承特性,对贵州民族文化的整体传承产生了积极影响。

第二,维系族群认同和支系认同功能。民族刺绣文化因独具民族特色而成为贵州各族人民判断民族身份的重要依据,以刺绣作为主要外在表征的民族服饰,即使是同一民族,其刺绣也略有不同,而这种差异主要表现在纹样基因、色彩基因、技法基因等方面。

第三,型塑民族性格功能。文化是人为创造物,贵州民族刺绣文化的产生和发展亦是如此,从其生成的最初目的来讲,主要是满足贵州各族人民的基本衣着及审美需求,随着社会的发展,民族刺绣原有的功能和意义发生了变化,即民族刺绣文化基因发生了变异。透过贵州各族绣

---

① 吴秋林:《文化基因新论:文化人类学的一种可能表达路径》,《民族研究》2013年第6期,第63—69,124—125页。
② 桓占伟:《研究民族文化基因应重视核心观念》,《史学月刊》2017年第11期,第12—16页。

娘的刺绣技法和传承理念,在一针一线中将时尚与传统融合,可以了解到贵州各族人民,尤其是女性的吃苦耐劳、精益求精的精神品质。

对贵州民族刺绣文化基因进行解码,其可从以下几个方面进行入手。一是从有关贵州民族刺绣记载和研究的历史文献入手。通过对历史文献的收集、整理、分析,进而从历史维度全面地把握民族刺绣文化基因演变的历史脉络,这对于民族刺绣的应用推广和保护传承具有重要的意义。在收集和分析有关民族刺绣文献时,既要全面,又要客观、真实。当然,还要有甄别和取舍的能力,这就需要历史学家、民族学家、文物学家、美术学家、文化学家、社会学家、遗传学家等共同协作。从历史文献中探索民族刺绣发展演变规律,这对于解码民族刺绣文化基因具有重要的意义。二是从田野调查入手。由于贵州许多少数民族没有形成系统的文字体系,所以许多文化只能通过其他载体和形式得以传承。深入贵州民族地区开展刺绣文化调查十分必要,田野调查是实验过程,绣娘是刺绣文化的创造者和传承者,是主要被访谈对象。三是选择典型样本进行针对性解码。典型样本往往来自田野调查,在认真开展田野调查的基础上,从技法基因、纹样基因、色彩基因等中提取到最优的刺绣文化基因。

(三)贵州民族刺绣文化能量释放

"文化能量学说揭示了作为支持人类社会有序运作的复杂开放系统——文化具有物质、能量及信息的属性和'自主进化'的能力"[①]。贵州民族刺绣之所以世代相传,生生不息,这与其强大的文化基因和文化能量密切相关。民族刺绣的文化能量主要表现在族群认同、生活意义、文化资本等方面。从某种层面来讲,民族刺绣文化能量同文化

---

① 麻勇恒:《文化能量学说视域中的"原生态文化"》,《贵州师范大学学报(社会科学版)》2010年第2期,第46—50页。

扶贫和乡村振兴之间存在着密切的内在相关性。释放民族刺绣文化能量对于实现民族文化资本化和乡村文化产业化、市场化具有重要的意义。反过来,通过实施乡村振兴战略,一方面进一步释放民族刺绣潜在的文化能量,另一方面有利于保护民族刺绣文化基因和提升文化能量效能。

那么,贵州民族刺绣文化能量释放的主体有哪些?概括起来,主要有四个主体,即文化主体、行政主体、学术主体、市场主体;其中,文化主体是根本性主体,他们关系着贵州民族刺绣文化的产生、发展、消亡,同时也是民族刺绣文化传承保护的核心主体;行政主体是民族刺绣文化建设的战略制定者,以及刺绣文化传承保护的规划者,在具体工作中,行政主体能起到引导性作用;学术主体既是民族刺绣知识创新的重要主体,也是其文化传承和文化能量释放的重要主体,其应本着学术自觉,以及求真的态度,主动积极参与解码民族刺绣文化基因;市场主体是民族刺绣文化能量释放最为直接的主体,也是刺绣文化资本化市场化运作效果最为显著的主体。总体而言,文化主体的文化能量释放方式主要以言传身教为主。与文化主体不同的是,行政主体主要通过制度、法规、资本、宣传等方式来释放文化能量;学术主体主要是通过挖掘、整理、研究文化来实现;而市场主体则要以市场为导向实现文化资本化。总之,贵州民族刺绣文化能量释放需要多主体协同运作。

第三节 贵州民族刺绣文化推广与传承

(一)贵州民族刺绣文化基因应用推广

从历史维度和现实维度来看,贵州民族刺绣迎来了前所未有的发展机遇,许多民族刺绣文化基因将在人们的社会生活中得到广泛的应用和推广。尽管当前贵州民族刺绣形成了一些文化产品和文化产业,但业态仍比较陈旧。在乡村振兴战略背景下,我们应从以下几个方面强化贵州民族刺绣文化基因应用推广力度。

第一,结合时代背景和社会发展需要,扩大贵州民族刺绣文化基因应用领域。一是树立科学的应用理念。满足和服务社会发展需要是民族刺绣文化基因应用的基本出发点。解码民族刺绣文化基因,目的是应用推广和保护传承。在应用民族刺绣文化基因过程中,应遵循和秉持其独特性与民族性、传统性与现代性,并坚持应用与保护并重的理念。贵州的部分民族刺绣之所以被列入国家级非物质文化遗产名录,这与其独特性和民族性密切相关,而传统性与现代性结合则是民族刺绣文化基因的应用前景和转型方向。

二是结合市场需求与社会发展需要,设计和打造一系列的民族刺绣文化产品和文化产业。从当前贵州民族刺绣发展情况来看,存在规模小、市场化水平低等问题。2021年2月,习近平总书记在贵州考察调研时已作出明确指示,要把刺绣文化产业同文化扶贫和乡村振兴结合起来,大力推动民族刺绣文化产业化、市场化、资本化、国际化。

三是创新性发展民族刺绣文化产业新业态。在信息技术高速发展、产业升级加快、消费需求多样化背景下,民族刺绣文化基因应用,应在保持其独特性的基础上,不断加强与其他文化基因的深度融合,以互联网为技术支撑,以创意、创新为核心,大力培育新兴业态,不断提升民族刺绣文化产业的规模化、市场化、专业化、国际化水平。从消费倒逼维度重新审视和分析民族刺绣文化产业的发展前景,发掘和锁定潜在的目标消费群体,科学引入社会资本,合理应用现代金融,着力设计特色产品,深化产业间合作,创新销售模式,全力打造新时代贵州民族刺绣文化产业新业态。

第二,多维度创新贵州民族刺绣文化基因推广新模式。一是打造民族刺绣文化品牌,提高刺绣文化影响力和文化基因复制力。品牌不仅是产品的身份和标识,更是企业文化和产品宣传的有力抓手。从当前贵州民族刺绣文化产业看,仍存在规模小、产品种类少、市场化、国际化水平低等现象,而形成大品牌的刺绣产品也是非常少。这在一定程度上既影响到了贵州文化产业的发展,又制约着民族刺绣文化基因的推广。如要使民族刺绣文化基因得以推广,最根本的举措是打造一系列具有民族特色的刺绣文化品牌,品牌力就是最好的推广力,一旦形成文化品牌,那么刺绣文化基因的复制力必将大大提高。

二是加强民族刺绣文化教学实践,提高刺绣文化基因的解码能力和推广力。具体而言,便是在贵州民族聚居区的中小学开设刺绣教学活动。中小学阶段的民族文化教学实践非常重要,直接关系到刺绣文化基因的保护和传承。尽管民族刺绣的绣法技艺掌握在绣娘们的手中,但她们大多数缺乏美术、设计、市场等专业知识,这给民族刺绣的应用和推广带来一定的影响。因此,考虑在大学阶段设置民族刺绣文化相关专业,大力培育理论型和技能型的专业人才。这类人才最大的优势是掌握专业知识,了解市场发展行情,对民族刺绣产品设计、品牌打造和推广具有多维视角和理念。另外,对民族刺绣非遗传承人的培训工作同样重要。文化部门定期举行民族刺绣非遗传承人培训工作,一方面能使他们及时了解国家文化建设的最新政策法规,另一方面也能增强他们的文化自信。

三是利用现代科学技术,全面提高民族刺绣文化基因的推广力度。采用"互联网+"的推广模式,使民族刺绣文化在线上快速传播。其中,刺法技艺直播、产品销售直播等新媒体方式,是民族刺绣文化基因快速复制的重要途径。除此之外,还应组织专业人员对各民族绣娘代表做专题纪录片,对绣娘的成长经历、刺法技艺等做深度报道和记录,这对于传承民族刺绣文化基因具有重要的意义。

(二)贵州民族刺绣文化基因保护传承

第一,发挥文化主体的积极性,提高其文化保护的自觉和责任担当。一是增强民族刺绣文化基因传承主体的文化自觉和文化自信。文化主体是所有文化载体中最为重要的载体,要形成高度的文化自觉和文化自信,文化主体只有对自身文化有全面的认识和了解,才能更好地传承文化基因。

二是强化行政主体对民族刺绣文化基因保护力度。文化自觉不仅需要文化主体的文化自觉,同时也需要行政主体的文化建设自觉,以及文化保护和文化传承的主动担当。在传承发展民族刺绣文化过程中,政府部门不仅要确保文化建设机会的公平性、资源要素配置的合理性、文化保护项目规划的科学性,同时还要强化文化建设的监管力度。

三是提高学术主体解码民族刺绣文化基因的专业能力。学术主体应从学术自觉出发,本着求真的态度主动深入民族地区开展田野调查,积极探索民族文化发展规律,尤其是贵州本土的民族文化研究学者和学术精英,需积极参与和推动新时代民族文化交往、交流及交融工作。

四是强化市场主体在民族刺绣文化基因市场化、资本化运作过程中的保护传承责任意识。市场主体是民族刺绣文化基因应用和推广的重要主体,是民族刺绣文化产业化、市场化、国际化的重要推手。由于市场主体多以经济效益为导向,难免滋生"文化庸俗化""伪民俗"等乱象。因此,市场主体在开发和应用民族刺绣文化基因过程中,要科学、合理地推动民族文化的资本化运作。

第二,多维度、多渠道深化和拓宽贵州民族刺绣文化基因保护传承路径。一是"活态"保护传承。长期以来,民族刺绣一直深植于各族人民的生产生活之中。"活态"是相对于静态而言,其核心理念是融入人们的生产生活,即在生产和生活中继承和应用民族刺绣文化基因。

二是建立民族刺绣文化基因数据库。利用现代科学技术对文化基因进行解码和保护传承,已逐渐成为一种新态势。建立民族刺绣文化基因数据库,意义重大。应着力建立民族刺绣研究文献、刺绣文化研究专家、绣娘信息、刺绣技法基因、刺绣纹样基因、刺绣色彩基因等数据的储存和保护。总之,建立民族刺绣文化基因数据库,一方面可有效地保存大量资料资源,另一方面有助于应用和推广。

文化同生物一样都有着自身的发展规律和遗传基因。贵州民族刺绣作为一种民族文化特质,集物质性和精神性于一体,是贵州各族人民日常生活的重要组成部分。当前正值我国实施乡村振兴战略,可以说贵州民族刺绣的发展迎来了前所未有的机遇。未来,贵州民族刺绣文化基因的应用推广,既要秉持独特性与民族性、传统性与现代性的理念,又要加快走向产业化、市场化、高端化、国际化。大力实施贵州民族文化基因解码工程,将全力激活和释放民族文化能量,从而加快推进民族文化资本化的建设步伐,并着力打造出民族文化产业助力民族地区乡村振兴的康庄大道。

第七章　贵州传统民族聚落社会重构维度

÷ 贵州传统民族聚落生态经济理性形成

÷ 贵州传统民族聚落的人文共生

÷ 贵州传统民族聚落的生态-经济双赢路径

火 把 节[①]

[元] 文璋甫

云披红日恰衔山,

列炬参差竞往还。

万朵莲花开海市,

一天星斗下人间。

只疑灯火烧元夜,

谁料乡傩到百蛮。

此日吾皇调玉烛,

更于何处觅神奸。

[①] 中华诗词学会图书编著中心,北京中华典籍图书编著中心编:《贵州诗词卷(上卷)》,北京:中国文联出版社2011年版,第7页。

随着现代化的发展以及全球化浪潮的冲击,现实社会的和谐度与持续性,也被丰富的人性需求和强化生活意义简化为单纯的经济谋划,具有深厚传统和稳定社会结构的聚落社区也日趋面临改革,因而,探求新的持续性生存与发展路径已迫在眉睫。"新常态"视阈下贵州传统民族聚落的流变与持存,应从经济理性、生态理性、文化持存三个维度加以关照,并在此基础上调动一切具有和谐性和持续性的因素进行社会重构。

在我国,城镇化是一种趋势,其几乎成了不可逆的历史潮流,不管是城镇还是乡村都要经历这一浪潮的洗涤。当然,贵州传统民族聚落亦是如此。在城镇化过程中,传统民族聚落往往因独具民族文化特色而被改造成民族旅游村寨加以建设,这种思维和建设模式是可以被理解的。"因地制宜,因俗而治"是人们的一种普遍行为逻辑。巧借文化差异性特点建构文化旅游地是当前我国旅游业惯用的一种手法。在城镇化过程中,民族聚落身份的转变往往伴随着经济效益的膨胀和增加,这是民族文化资本化运作的结果[1],也因此形成了不同批次的利益集团和利益主体。随着时间的推演,"经济人"的地位和身份也不断凸显。在经济理性的推导下,经济唯上理念逐渐充斥着村落社会及人们的意识形态。在经济增值和增速的同时,村落生态危机、文化消解、

---

[1] "民族文化资本化"实际上是一种资源角色转换,根据市场需求以及民族文化独有特点和功效进行资本化运作,其形态结果往往以文化产品的形式出现。"民族文化资本化"不仅是当下乡村旅游业的一种运作理念,也是经济人类学惯常研究的一大课题。目前国内较为系统论述"民族文化资本化"的研究成果主要是由马翀炜、陈庆德撰写的《民族文化资本化》。

图7-1 榕江高排苗寨全景

道德失范、制度失控等问题不断出现。城镇化建设和民族文化资本化的初衷和理念本身不具有好与坏的讨论空间,它是人类需求的一种态势和结果。其关键点在于如何权衡好人类最基本的经济理性,进而遵循生态理性,并且促成人类文化持存,从而促成一条符合现阶段传统民族聚落社会发展的重构路径。

第一节 贵州传统民族聚落生态经济理性的形成

一、经济理性牵引下的传统民族聚落"经济学"诉求

经济理性既是一种价值观念,也是人的一种内在物质诉求。按照马斯洛的需求层次理论或马林诺夫斯基的功能主义论来对经济理性进行寻根问底的话,人的需求则是经济理性的原动力或"迫力"。作为经济理性的主体,人总是沿着自身的需求基点出发,本着利己的思想寻求利益最大化,在成本和收益之间来回盘算。当成本既定时,则试图通过各种有利的途径来增加收益,如改善生产技术来提高社会必要劳动时间、增加工作时长等。当经济效益既定时,则试图减少投入成本以平衡投入与产出。简而言之,经济理性的基本点是选择最有效的手段去实现既定的经济目标并使其效益最大化。

关于"理性"的源起,在此不做过多的叙述。目前,较为系统阐述中西方"理性"思想并形成最新研究成果的,主要是丁耘的《启蒙视阈下中西"理性"观之考察》①一文。而关于经济理性的学理思想,有学

---

① 丁耘:《启蒙视阈下中西"理性"观之考察》,《中国社会科学》2014 年第 2 期,第 20—33 页。

者认为是从亚当·斯密的《国富论》开始①,也有学者认为是从安德烈·高兹的《经济理性批判》开始②,总之众说纷纭,莫衷一是。我们且不赘述经济理性的历史与源起,也不管其内涵和外延有多大的距离,但其本身的一个基本特征是可以肯定的,即价值目标与效益水平。长期以来,人类一直按照这种理性来建构自己的生活世界以及描绘未来世界蓝图,也正是因此经济理性把人类从一个物质生活极为贫乏的世界带到一个物质充沛、物欲横流的世界。

综观现今社会,在经济理性牵引下,社会经济财富剧增,人们享受到前所未有的物质生活,并填满了人类以往空虚的躯壳。尽管经济理性把人类带到物质生活极为丰富的世界,可其带来的负面效应也不少。为了寻求最好的经济效益和最大的经济价值,人们往往倾其"所能"去索取,以至于泡沫经济财富在累积时,人与自然的互动轨道产生了偏离,人与人的交流出现了"经济暖流"的现象,人间的冷暖边界也因此日渐清晰,因而经济效益往往成为人们观照一切行为的出发点以及自身行动逻辑的指南。

近年来,在经济理性思潮的影响下,我国城镇化建设的推进,无论是经济理性思想,还是国家扶持都已深入我国传统边疆村落。伴随着现代性的进入,许多传统民族聚落开始面临消解或重组,文化建构或文化重构已屡见不鲜,民族文化的原生性和真实性也因此遭到了质疑,并争论不休。城镇化和经济理性在给传统民族聚落带来新活力的同时,也带来了许多文化冲突,调适——成了这一时期各种文化的最佳选择。

在我国进行经济建设和城镇化过程中,曾有不少学者思考民族聚落保护发展的未来,传统民族聚落是民族文化存在的一种文化生境,

---

① 王若宇、冯颜利:《从经济理性到生态理性:生态文明建设的理念创新》,《自然辩证法研究》2011年第7期,第123—128页。
② 胡庆艳:《安德瑞·高兹的"经济理性批判"理论探微》,哈尔滨工业大学人文与社会科学学院,硕士学位论文,2013年,第16页。

倘若民族聚落在经济建设和城镇化过程中被消解，那么民族文化消失或异化就成为可能，这种担忧和文化关怀应被理解和尊重。民族聚落在城镇化过程中，问题不在于文化遗失，而在于如何使民族文化成为社会发展的动力和资源。当前，在我国一些少数民族地区，各级政府充分利用文化差异性特点建构民族文化旅游村寨，并取得了一定的经济效益。然而，随着乡村旅游业的兴起及其所引发的一系列纷争问题，反思民族聚落发展问题，如何在经济建设和城镇化过程中保护好传统民族聚落和民族文化，以及如何在乡村旅游发展过程中利用好民族文化资源就成了我们讨论的焦点和议题。

贵州传统民族聚落在现代化演进的轨道上，倘若过分地强调经济理性，一味追求利益最大化，那么文化消解或文化异化就定然存在，传统民族文化在新时代被消解或遗失，若不做调适和创新，力守传统发展路径以求独特性，这将形成文化自闭，在很大程度上不利于文化再生和文化持存，文化生命力和文化寿命也必将受到影响。无论是经济理性的强化主导，还是固守的文化持存思想，都不利于民族聚落的可持续发展。

从人类社会的实践发展历程来看，每一个时段都会产生与其相应的经济理性诉求。同样，现今的传统民族聚落亦是如此。倘若抛开经济理性，试图从其他单方面的路径来谈民族聚落发展的话，那么其无疑会成为没有经济基础的空中上层建筑。因此，传统民族聚落的发展离不开经济理性的牵引和推导。尽管当前民族聚落在发展过程中，因受经济理性影响而出现了一些挑战和难题，但这些"冲突"也将促进不同文化间的调适和创新。面临外来的"文化迫力"，调适与接纳往往成了民族聚落对外互动的基本路径。因而，在发展我国传统民族聚落过程中，以确保生态平衡和文化持存为前提的经济活动理应被理解和接纳。在传统民族聚落发展过程中，民族文化资本化是人们对文化的消费行为，其不仅能实现资源角色转化和形成经济效益，而且对于文化创新和文化持存也是一种有效的路径。

二、"生态理性在场"与传统民族聚落生态文明建设新理念

进入工业文明后,经济理性一度主导着人类社会,"经济人"也成了特殊的符号群体。"经济人"是西方经济学关于人类经济行为的一种基本的理论假设,它认为人们在经济生活中总是追求自身利益的最大化,有自利的动机和倾向①。在经济理性的牵引以及"经济人"对追求经济利益最大化过程中,出现了经济财富增加和人类与自然互动行为的异化,生态危机引发了人们重新审视自身实践行为的必要性,进而要求从纯粹的"经济人"向理性的"生态经济人"转变,"经济人"的社会角色再度被解构和重构,以符合社会规范和达到社会期待。关于生态理性思想,可追溯到生态学马克思主义主要代表人物安德烈·高兹,他在《经济理性批判》一书中,不但指出资本主义社会的经济理性弊端,以及其所带来的生态危机问题,而且还提出建立生态社会主义社会。为了论证经济理性的局限性和生态理性的必要性,高兹对经济理性的内涵及其限度做了深入浅出的分析,并认为对于经济理性的诉求和期望不能过高,在经济理性上,他提出了"够了就好"和"知足常乐"的要求;同时,他认为应在"够了就好"和"知足常乐"的经济理性基础上建构新型理性,即生态理性,并以此作为一种价值逻辑来引导人们的实践行为。在安德烈·高兹看来,生态理性是用一种最好的方式来满足人的物质需要,即尽可能提供最低限度的、具有最大使用价值和最耐用的东西,并以少量的劳动、资本和能源的花费来生产这些东西。他主张用生态理性超越经济理性以凸显生态维度,并指出现代社会应该按照生态理性

---

① 焦君红、孙万国:《从"经济人"走向"生态理性经济人"》,《理论探索》2007年第6期,第81—83页。

维度的指引来进行社会同构,从而打破传统意义上的"更多"与"更好"的节点,促使"更少"与"更好"有机结合,其中"更少"指的是以尽可能投入较少的劳动、资本和资源,采用最佳的生产方式和手段,以提高产品的使用价值和耐用性来满足人们的物质需要。

除了高兹的生态理性定义以外,国内也有学者对其进行论述,如郑湘萍认为:"生态理性指的是人基于对自然环境的认识和自身生产活动所产生的生态效果对比,意识到人的活动具有生态边界并加以自我约束,从而避免生态崩溃危及到人自身的生存和发展。它的目标是建立一个人们在其中生活得更好、劳动和消费更少的社会,其动机是生态保护、追求生态利益的最大化。"[1]生态理性偏重于生态价值,它具有和谐性和整体性特点。生态理性强调人与自然和谐发展,共生共存;同时又指出人与自然生态的相互依存关系,即两者互为作用并构成一个整体。生态是人类赖以生存的基础性前提和条件,生态理性关注的是所有生命形态和谐共生的理性形式,它把人类视为生态系统中的一个有机组成部分,与其他生命系统相互联系、相互影响,共同构建了生物共同体的和谐、健康、稳定以及完整与统一。生态理性具有其内在的价值体现,并拒绝用商品化思维来度量自然资源的价值[2]。生态理性成为一种价值选择并在西方兴起,然而在我国有关生态理性的思想,其历史及源起却较为悠久。

"天人合一"的生态哲学思想形成了世界上独一无二的中华民族大智慧,即生态文明,生态文明已经成为我国当下极力发展和推进的重要建设内容,是国家发展战略的重要组成部分。当前,正值我国城市化水平快速提升的关键时期,作为被改造的对象,传统民族聚落除

---

[1] 郑湘萍:《从经济理性走向生态理性——高兹的经济理性批判理论述评》,《理论导刊》2012年第11期,第93—95页。
[2] 刘丹:《农村社会生态理性的社会学研究》,《辽宁大学学报》2010年第11期,第43—49页。

了选择经济理性和城市化以外,生态理性和生态文明建设也极为重要。

为了实现我国小康社会整体建设和全面发展,党和国家已将传统民族聚落的建设和发展列为一项重要的工作任务。传统民族聚落的发展水平关系到我国小康社会建设的质量问题。因此,加快传统民族聚落发展和转型已成一种趋势。从我国传统民族聚落经济发展现状来看,其经济发展水平仍然较低。我国传统民族聚落主要分布于祖国边陲或山区、或高原等地区,国家力量渗入相对较弱。这在一定程度上"造就"了边疆少数民族地区经济的"老""弱""边""残"的现实。经济上的"老"主要表现为生产模式较为传统和商业意识相对滞后;"弱"主要体现在经济财富可量化较少;"边"主要体现在没有形成大规模的中心贸易市场;"残"主要表现为产业结构较为单一,主要以第一产业为主,同时消费内容也较为单一。基于这样的现实,加快边疆少数民族地区的经济发展建设则成了党和国家的一项重要战略任务。为了促进少数民族地区社会经济的发展,早在新中国建立之初,中央访问团便不断深入少数民族地区进行慰问和调查,并进行民族识别工作,从而促成中华56个民族多元一体格局的形成。同时,党和国家还根据民族地区的实际现实设置了民族区域自治,并在许多政策上做了差别对待[①],民族地区的经济较因之前有了很大发展。继而,中央又采取兴边富民、西部大开发等重大政策,以加快缩小我国城乡差距、东部和西部的差距,以及区域经济发展不平衡所带来的贫富差距。

"新常态"下的贵州民族聚落,不仅要适应新的政治、经济、文化氛围,同时还要秉持和延续优秀传统民族文化。在政治上,要服从于国

[①] "差别对待"是一种具体问题具体分析的哲学思想再现,它符合我国现阶段的实际国情,为我国落实各项制度安排具有重要的指导意义。例如,民族区域自治政策、少数民族干部培养政策、少数民族学生高考加分政策等。

家制度安排；在经济上，要适时调整生产模式和适应"经济新常态"①；在文化上，除了要继承和发扬自身优秀传统以外，还要积极采借和吸纳"他者"中的优秀文化元素，营造良好的民族聚落文化氛围。民族聚落在适应"经济新常态"的过程中，生态理性理应被纳入并作为一项重要的理性指导方针。在民族地区城镇化过程中，经济指标和城镇化水平成为民族聚落发展程度的重要评判尺度，生态的稳定和持续与否往往被遗忘。造成生态失衡和生态危机的归因是多方面的，其中"标准化"②建设模式被移植到民族聚落并给生态带来的影响不可小视。

标准化是一个时代的特征，它有着整齐划一的规范性。从某种程度上来说，标准化是一个不断求同的过程，其几乎贯穿所有领域和范畴。标准化的作用毋庸置疑，它让许多事物有了联系并产生共鸣，同时给人们的社会生产生活带来极大的便利。那么标准化是否无所不能呢，当然不是。倘若所有的事物都按照标准化进行建构和重构的话，物质层面的单一性暂且不谈，就思想追求上则会变成机械思维模式，其他也会因标准化而引发一系列问题。

在贵州传统民族聚落发展过程中，并非所有的民族聚落都适合采借现代性的标准化模式加以建设。有些传统民族聚落并不适宜建立钢筋混凝土的空间文化，也不具备发展工业的基础。但很多时候，人们却过分的信崇"人定胜天"的信条，把许多不可能的事情给做实了。

---

① "经济新常态"是我国现阶段社会经济发展过程中所呈现出来的一种经济态势，它与传统不平衡、不协调、不可持续的粗放增长模式有着本质的区别。这种态势主要表现为经济相对稳定、增长速度适宜、结构优化、社会和谐，是经济发展条件和环境发生诸多重大转变的动态过程。经济指标由以往的"硬性指标"转向"弹性指标"；经济发展速度由高速增长向中高速增长转变；社会经济发展动力由要素驱动、投资驱动转向创新驱动，并且不断优化经济结构。

② "标准化"原本于生产要素的规范和统一，是生产车间中的常用专业术语。随着社会的发展，"标准化"的理念不断深入人类社会生活的方方面面，从物质领域到精神范畴的转变。一方面给人类社会带来极大的便利，另一方面也让人类为"标准化"所引发的单一性倍感焦虑。

结果预期目标未达,反而导致传统民族聚落生态问题的产生。民族地区城镇化建设,经济追求当然不可或缺,但在追求经济财富过程中,生态平衡更不可忽视。我们要尽可能地避免"先生产后治理"所带来的困扰和难题,充分利用民族地区资源优势,寻求适合自身发展的路径。事实上,民族文化资本化就是一种有效的经济途径。当然,如何有效地将民族文化进行资本化,这是一项需要智慧的工程。无论是城镇化,还是民族文化资本化,民族聚落的发展都应守住生态底线。发展在本质上是全面的,而不是单一的。同样,民族聚落在发展经济过程中,对自然的消费应该有所限度,而不是"任性式"消费。民族聚落的经济建设和生态重建并不矛盾,二者可以相互依存,互为作用。良好的生态环境是经济发展的天然沃土;相对富足的经济基础能为生态重建提供有力的财力保障,从而形成"生态经济理性"[①]社会。

第二节 贵州传统民族聚落的文化持存

一、传统民族聚落文化持存中的"人""文化"共生共在关系

贵州传统民族聚落在发展过程中,除了追求和实现"生态经济理性"双赢以外,文化持存也极为重要。文化持存不是简单的文化传播或文化代际传递,而是一个民族聚落的精神延续,以及新生文化再造

---

① 参见程鹏立:《从经济理性到生态经济理性——基于一个山区农村个案的实证研究》,《贵州社会科学》2011年第2期。"生态经济理性"是生态与经济互为条件的理性指导资源。在我国现阶段传统民族聚落发展过程中,单纯以"经济理性"或"生态理性"来加以社会重构都是不符合实际的。只有将两者有机结合起来并整合成高效的"社会重构资源",才能使两者原有的效能发挥到极致,新一轮的传统民族聚落社会重构才具有现实意义。

的原动力或"迫力",更是一个民族寻找创造力和天赋的基础。可以说,如果文化持存被消解或中断,那么则意味着一个人们共同体的消散或解体。因此,传统民族聚落在进行"自我发展"时,处理好"人"与"文化"的关系直接关系到整个民族聚落的文化持存。关于"人"与"文化"的关系,在不同的学科学术场域,则有不同的解读或阐释。从民族学、人类学、社会学到文化学、哲学,等等,对两者关系的解读虽然不同学科各具自身学科解读特点,但各学科之间又不乏共鸣之处。在以上学科学术互动中,对于"人"与"文化"的关系解读,形成了这样一个共识,即"人""文化"共生共在关系。具体来说,文化是人的本质属性和成因,是人为图景,"是人的本质对象化的成果"①。这就说明文化没有先天性,是人为实践产物。

有人说,"人""文化"关系好比鱼、水关系,这话指出了两者之间的依存共在关系。"没有水的鱼,是死的;没有鱼的水,也是死的","人"和"文化"亦是如此。然而,与鱼、水关系不同的是,人尽管在一些方面有赖于文化的作用,但却不像鱼那样绝对地依赖。在鱼与水的关系中,鱼是被动的,而人则不一样,人可以根据自身的需求进行文化再造。与鱼的处境相比,人更具主动性,在许多方面都可以按照自身需要进行文化建构和文化重构。当然,人也不是万能,没有经过文化洗礼和塑造的人,则依然停留在"生物人"阶段,只有经历社会化,并获取社会属性的人,才具有真正意义上的人的特征。文化不仅使人从纯粹的"生物人"转变为"社会人",同时使人多了一种属性,即社会属性。因此,可以说只有"人的需要才能产生出真正的社会联系"②。

同样,每一个人认同感的来源都受其固有的文化模式所影响,"在

---

① 邴正:《论人与文化的二重性矛盾》,《社会科学战线》2003年第2期,第187—196页。
② 王伟光:《论人的需要和需要范畴》,《北京社会科学》1999年第2期,第47—53页。

某种程度上,这种个人的认同感是由文化塑造成的"①。与自然界其他生命个体相比,人是文化的缔造者,作为文化主体,人总是按照自身的需求和取向进行文化再造,以满足自己的新的需求。由此可见,人除了进行文化再造以外,同时也受文化塑模,两者是一个相互作用、相互影响的动态过程②。同样,民族聚落中的"人"与"文化"亦是如此。民族聚落中的人们共同在社会生产生活中,以自身劳作与智慧创造出了独具特色的民族文化。他们不仅是民族文化的创造者、持有者,同时也是民族文化的守护者和继承人。别具特色的民族文化塑造出了不同的民族性格和民族心理,并长期哺育着一个在生物性上具有某些共同遗传特征,在文化上又具有相似性特点的人们共同体。

贵州传统民族聚落的发展,其出发点和落脚点理应是聚落中的人们共同体。民族聚落的重构应本着"以人为本"的思想加以建设和发展,尤其是对民族聚落中的"人"。只有保住民族文化主体,民族文化持存才有可能成为现实,民族聚落的重建和发展才具现实意义。近年来,民族文化主体,即"民族文化持有者"不断被重构,其归因具有双向性,即被动调适和主动接纳。当然,被重构过后所形成的新的"民族文化持有者",本身不具有好与坏的讨论空间,因为这是人性使然和文化选择的结果,故而在此不做过多赘述。就民族聚落中的"真正民族文化持有者"或"原创文化持有者"而言,当前仍面临着多重分化或消解的态势,其中主流文化强力牵引,是民族文化主体被分化或消解的动因之一,既有主动选择,也有被动调适。具体来说,以现代经济理性牵引作为价值排序和首选的行动逻辑,其无疑具有强大的吸引力和诱惑力。许多民族聚落中的人们共同体,迫于经济无助,加上现代性强势介入和经济理性的价值首选诱导,

---

① [美]R.M.基辛著,甘华鸣、陈芳、甘黎明译:《文化·社会·个人》(第1版),沈阳:辽宁人民出版社1988年版,第117页。
② 李金齐:《共在:人与文化的本质性关联——个文化安全研究的文化哲学视角》,《重庆社会科学》2010年第8期,第55—58页。

民族文化边缘化自然就成了不可争辩的事实。民族文化主体在这样的交互作用过程中,被消解或重构已屡见不鲜。

事实上,在现代性极强的时代,如果原封不动地继承和发展民族文化,那么,一方面,会使传承工作的难度系数较大;另一方面,也不符合"人的发展意愿",并有悖于"时代诉求"。因而,与时代接轨,融入时代元素则成了民族聚落自我调适的新态势。那么,在与时代接轨过程中,民族聚落是否因被异质化而遗失了自我,这是学界部分学者普遍关心的问题之一。实际上,不必拔高这种担忧的严重性所带来的"恶果"。当今的时代,是一个追求自由和个性的时代,在物质层面上,人们求同的内容较多,而在精神诉求方面,则更加侧重于追求个性、彰显个性,以及追求"和而不同"的状态。即使民族聚落中的人们共同体被同化而导致原有民族文化被消解或重构,除了"极端迫力"所带来的无奈选择以外,余下的归因基本上源于民族聚落中人们共同体的"自愿选择"。

在传统民族聚落发展过程中,民族文化主体"被打散"是常有之事,例如为了实现经济上的诉求,移位求生或发展等。尽管如此,但许多人的民族心理认同依然如故,其民族或宗族历史记忆依旧清晰,并常把它作为有别于其他人们共同体的重要依据,甚至把自身独有的民族特征上升到凸显自我、彰显自我的"资本"。在个性化空前发展的新时代,凸显"自我"的独特性和唯一性往往成为众人追求的一大态势,因而民族文化主体"被打散"只是暂时的,其被消解的可能性仍旧较小。当传统民族聚落社会经济发展到一定程度时,民族文化主体回流则成自然之事,阿兰·图海纳曾说:"全球化背景下,一方面是从现代社会及其制度的废墟中涌现出了生产、消费和通讯的全球化网络,另一方面是社群又回复了原状。"①尽管其定论有些武断,但也不乏有些

---

① [法]阿兰·图海纳著,狄玉明等,译:《我们能否共同存在?——既彼此平等又相互差异》,北京:商务印书馆2003年版,第5页。

道理。许多"历史记忆""族群记忆"常常被其后人"复原",并且这种"复原"的心理诉求会伴随着社会经济的高度发展。

"新常态"下处理好传统民族聚落中的"人""文化"共生共在关系十分重要。虽然在传统民族聚落发展中,我们并不担心民族文化主体被消解或消失,但如何促使民族聚落中的"人""文化"实现共生共在确属不易。关于民族聚落中的"人""文化"共生共在路径,应该是多元的。通过整合民族文化资源并对其进行"资本化"运作,从而产生一定的经济效益和社会效益,使民族文化主体找到自身的价值所在,进而形成民族文化自信、文化自觉、文化自强。让民族文化主体真正感受到自身民族文化除了具有经济学价值以外,还有其他价值和意义。

当前,导致民族文化主体不稳定,在很大程度上归因于经济因素。例如,我国的"农民工"以及因此所形成的"打工潮"这一庞大群体,这些人长期流动和移位,不仅造成民族聚落劳动力减少,同时对民族文化的持存也带来一定的挑战。经济上的相对贫穷是民族文化主体频繁移位的重要因素。因此,确保经济上的诉求则是稳定民族聚落中人的关键所在,稳定了民族聚落中的人,则有利于民族文化的持存,文化持存并非简单的延续原有文化,更多是凝聚文化主体,确保文化主体的可持续衍生,只有这样文化持存才具现实意义。他们不仅是民族聚落文化的缔造者、持有者,同时对聚落文化具有绝对优势的解释权。这样,民族聚落中的"人""文化"才能共生共在、世代延绵。

二、整合"重构资源",凝聚"重构动力",建构"重构路径"

贵州传统民族聚落面临重构在所难免。其社区重构往往源于两股动力,并形成与之对应的两种社区形态:一是传统民族聚落内部为平衡社区持续发展而进行自发性的社区重构;二是在外在的"迫力"推动和驱使下所采取的"主动"调适或"被动"接纳。自发性的社区重构,其"主体性意识"较强,其"主体性目标"也较为清晰,"重构的空间和范畴"比较大,且"基础性共识"较好;而"干预性"的社区重构,其针对性和控制力较强,具有"价值垂范"和"先进标杆"的特点,常以"先进"为动力介入另一种社区,并作为社区重构的"参照标杆",以一种"价值垂范"的态势迫使"异域"进行文化调适。无论是自发性的社区重构,还是"干预性"的社区重构,均各有千秋,两者的边界有时并非那么清晰可见,因为这主要取决于人类发展的"自我矛盾性"。简单来说,就是自力不足被迫借助外力来实现自身目标的矛盾心理过程。这里面体现了"自我建构"的愿望,具有自发性的建构特点,但因"自我建构"条件欠缺被迫借力,在借力过程中往往因过分地依赖外力,而形成强度的"控制效应"——"干预性"的社区重构。一旦外力弱化或缺位,整个社区社会就面临失衡或瘫痪。因此,任何一种单一的"建构路径"和"重构资源"都不利于贵州传统民族聚落的发展。

"重构路径"和"重构资源"是多元和从优的,而具有"建设性的发展路径"和"持续性的重构资源"往往会成为人们的"价值首选"。因而,可以说面对"不利己"的活动,人类几乎不会做出任何行为上的反应,而一切建构和重构的社会实践行为无不沿着人类"自我"需求基点出发。也正因如此,社会的复杂性和多变性特点才得以体现,我们要结合当前我国传统民族聚落的现实情况,本着传统民族聚落"自我重构"和外在"迫力"驱使重构结合的基本思路,整合一切具有建设性和持续性的"指导性资源"加以重构,以符合传统民族聚落的社会期望和追求目标。

事实上,许多传统民族聚落并不缺乏社区重构的"指导性资源",缺的是整合资源的能力和智慧。因此,提高资源整合的能力则成了解决这一难题的突破口。在以科学技术为时代变革动力的新时期,通过现代科学思维和现代科学技术对传统民族聚落进行社区重构,已成为新一轮的社会重构范式之一。

在现代科学技术与思维的运用下,深入挖掘传统文化基因并将其作为一种"指导性资源"进行社区重构,不仅是对传统的尊重和继承,同时也是实现社区重构的一种有效的"重构路径"。正如埃米尔·涂尔干所说的那样:"每一个民族的道德准则都是受他们的生活条件决定的。倘若我们把另一种道德反复灌输给他们,不管这种道德高尚到什么地步,这个民族都会土崩瓦解,所有个人也会痛苦地感受到这种混乱的状况。"① "文化的生命在于传承,文化的繁荣在于发展。传承的过程本身就包含了发展,而发展的进程本身就体现了传承。因此,文化的活力只能在发展中得以彰显和延续,发展需要吸收和借鉴,任何封闭或故步自封的文化必然处于停滞状态,而相对于变化发展的世界,停滞也就意味着失去了活力"。② 在现代性极强的社会中,人们容易被现代性浪潮席卷和牵引,以致传统文化被边缘化已成为一种惯习。在传统民族聚落进行社区重构过程中,要充分挖掘传统文化的合理成分并整合成一种强有力的"重构资源"。

任何一种新的"建构物"的出现和诞生都建立在传统的基础上,其实新的"建构物"只是一个相对性的术语,是人为的标签物。严格来讲,这种建构范式其实是一种重构产物,建构中的"新"也是相对的,只是增添了一些重构资源成分而已。因此,传统民族聚落在进行社区重构时,利用一切有利的"重构资源",并将其整合成强有力的"重构动力"。这就需要将传统与现代有机结合起来,而不是用二元对立的视角将其割裂开。

"传统并非一种整体的断裂,传统文明之所以不能以一种整体的方式立足于现代社会,是因为它与现代文明之间的异质性,之所以不

---

① [法]埃米尔·涂尔干著,渠东译:《社会分工论》,北京:生活·读书·新知三联书店2000年版,第195页。
② 郝时远:《社会主义和谐社会的重要观念:尊重差异、包容多样》,《民族研究》2007年第1期,第1—8,107页。

图 7-2　榕江高排苗寨一角

图 7-3 台江县红阳苗寨

能抵挡住现代文明的冲击而被迫接受一种被打碎的命运,是因为它与现代文明之间存在着历史的落差。而传统文明与现代文明之间的异质性和历史落差,以及传统文明在现代所遭受的命运,又深刻地影响着人们对传统和现代的理解、深刻地影响着人们对待传统和现代的态度"[1]。现代化是人类社会发展的一种必然态势,是人类文明高度发达的结果,几乎所有的人类共同体都绕不开这一时代潮流的洗涤。尽管"现代性意味着对传统性的突破和否定,但也包含着对传统中积极因素的肯定和发掘"[2]。

充分调动传统文化智慧与现代科学技术参与社会建设和社会治理已成一种常态,同样传统民族聚落社区重构也应充分挖掘传统智慧,并整合现代思维和现代科学技术参与到社区社会建设中来。传统文化智慧包括一切"地方性知识"在内的民族优秀文化。现代思维以及现代科学技术是人类最前沿的思想形态和文明成果,它是人类社会"自我重构"的最新动力。因此,将传统与现代有机结合并作为新一轮的传统民族聚落社区重构的"指导性资源",不失为一种有效的社区"重构路径"。

贵州传统民族聚落的发展,无论是内力主动选择调适,还是外力迫使驱动。经济理性、生态理性、文化持存对于民族聚落的可持续发展至关重要。在现代性极强,城镇化突起的"新常态"下,既要确保民族聚落的基本经济诉求,又要保证生态平衡和文化持存,并使其有机地进行社区同构,这对于民族聚落的可持续发展可谓意义深远。仅从当前我国民族聚落经济发展水平来看,仍处于较低水平阶段。因而,

---

[1] 邹平林、杜早华:《论传统与现代文明的"异质落差式互动"——兼论"断裂"概念的局限》,《成都理工大学学报(社会科学版)》2010年第4期,第63—67页。

[2] 何星亮:《对传统与现代及其相互间关系的阐释》,《中央民族大学学报(哲学社会科学版)》2003年第4期,第20—29页。

经济理性在民族聚落发展过程中被采借,并作为一种理性指导是可以被理解和接受的。因为,当前我国民族聚落还没有具备摆脱经济条件而孤立地追求生态理性。即使有了雄厚的经济基础,纯粹的发展生态理性也几乎不可能。因为人的一种目的性,总是按照自身的需求去建构世界。正如马克思所说的:"人们奋斗所争取的一切,都同他们的利益有关。"[1]

维系生态平衡和确保文化持存,都要在选择和追求经济理性过程中顾及和发展生态价值以及确保文化持存,才能符合民族聚落可持续发展的要求。倘若过分地追求经济理性,必然引发生态危机和文化消解。民族聚落中的"经济人"如能从纯粹的经济理性移位到生态经济理性,这不仅能实现经济理性的经济诉求,同时也能实现生态价值。生态经济理性既符合我国民族聚落现阶段的发展要求,又是生态—经济双赢的有效路径。经济理性为民族聚落提供物质条件基础,生态理性为民族聚落持续发展建构和谐的生态环境,文化持存为民族聚落的经济再生、生态和谐和文化再造提供了精神动力基础。三者相互依存、相互作用、相互影响。

---

[1] 《马克思恩格斯全集》(第1卷),北京:人民出版社1965年版,第82页。

第八章　贵州民族乡村传统治理资源整合重构与乡村善治

- 贵州乡村治理的挑战性
- 贵州乡村治理案例分析
- 民族乡村善治的理路图景

花　溪[①]

董必武

偶经贵筑便流连，

闻说花溪引兴牵。

市集得交苗侗族，

山园正是菊花天。

桥临坝上行观水，

亭接岩头欲近仙。

几曲青流徐下注，

两旁田稼保丰年。

[①] 冉砚农主编：《我爱贵州诗词选》，贵阳：贵州人民出版社2003年版，第9页。

乡村传统治理资源是指在传统乡村社会中具有社会控制、意识形态与价值观念导向、民族性格形塑、民族心理牵引、行为方式引导、民族情感认同、乡愁情感凝聚、社会关系整合等作用，能够有效维系乡村秩序稳定、促进文化持续传承、协调推动乡村经济发展的资源要素，它隐含的是"治理"与"发展"双重内涵，主要以传统文化作为支柱，包括"物化载体"、"非物记忆"以及"人"三个方面，诸如传统习惯法、乡规民约、民间组织、禁忌规则、道德伦理、人情礼节、口头记忆（神话传说、民间故事以及谚语等）、信仰传统、经验知识、歌舞艺术、能人权威及乡村精英等都是乡村传统治理资源的具体表现形式。各种不同形式的治理资源要素共同构成乡村传统文化整体结构，它们既相互联结共同促进乡村整体秩序结构的稳定，又各自发挥着自身所处结构性位置的重要治理作用。

从我国的乡村治理历史经验来看，纯粹的科层式治理运行手段并不能普遍适用于每一个乡村，少数民族乡村结构由于文化差异，其治理问题相对汉族乡村而言显得更加复杂，它是一种集地理、历史、政治、经济、文化、制度及民族等各种错综复杂关系于一体的社会复合机体，表现出较强的本土性、地域性、民族性、具体性、复杂性、适用性和生活性等特性，它具有一种潜移默化和深远持久的控制与规约能力，发挥着强有力的内在化控制，其族群成员的思想观念、思维逻辑、价值态度、行为方式以及人性人格都会被其文化所束缚。准确把握好乡村文化结构的特殊性与复杂性，构建起行之有效的治理秩序和良好的治理环境。

当下乡村治理面临前所未有的挑战性，如社会资本流失、文化生活凋敝、乡村活力缺失、乡民个体意识增强,主体性与共同体意识薄弱、乡愁情感日益淡化,乡村异质性因素增多,乡村传统权威对个体的规范性与约束性功能弱化,价值取向多元化,传统社会中的朴素伦理与价值理性在市场资本逻辑的驱动下逐渐向以目的性为主的工具性理性转变。社会责任意识大大降低,中青年群体长期流动在外逐渐让乡村留守人群呈现"幼—老"两个极端,带来乡村空心化、乡村传统文化记忆模糊、文化代际传承中断以及土地荒废等一系列连锁问题。因此,乡村治理实施过程中要根据乡村振兴战略设计框架,不断完善乡村治理体系,要"积极发挥新乡贤作用"①"保护利用乡村传统文化"②,要"培育乡风文明,引领道德模范,强化乡村文化引领,丰富乡村矛盾纠纷调处化解机制,构建多元治理机制建设"③。本章对贵州两个彝族村寨(M村和B村)乡村治理路径进行了系统考察,试图分析传统治理资源关于构建"三治融合"乡村治理格局的功能,尝试提出实施贵州民族乡村善治的基本逻辑理路。

第一节　贵州民族乡村治理案例分析

贵州M村与B村是贵州不同区域的彝族村寨,④ M村位于PY乡西部,辖3个网格小组6个自然寨,全村共有228户共计847人,全

---

① 参见《中共中央国务院关于实施乡村振兴战略的意见》,《人民日报》,2018年2月5日。
② 参见《乡村振兴战略规划(2018—2022年)》,《人民日报》,2018年9月27日。
③ 参见《关于加强和改进乡村治理的指导意见》,《人民日报(海外版)》,2019年6月24日。
④ 为保护研究对象的隐私,故在本文行文中将相关地名、人名以相关字母代替作匿名化处理。

村民族构成皆为彝族①。B村由4个网格小组构成,全村共有537户共计2 415人,其中少数民族人口有2 236人,其中彝族人口为2 184人,占当地少数民族人口数量的97.67%②。M村和B村都是"中国少数民族特色村寨"。同时,M村还是"贵州省民主法制示范村""全国民主法制示范村",B村还是"首批全国7个双语和谐乡村之一"。虽然同为彝族村落,但是它们之间的文化构成却存在一定的差异性,主要表现在信仰文化方面。M村主要以图腾信仰、祖先崇拜以及自然崇拜等原生多神信仰为主;B村由于受基督教文化影响,民族传统原生多神信仰日渐式微,非基督教徒彝族民众依旧传承着原生信仰文化。所以,B村拥有原生多神信仰和基督教信仰两种信仰文化系统,这是该村所面临的复杂微妙的治理问题之一。两村存在文化结构差异性,但是两村在"乡村治理"实践策略与措施上存在共性。整体看来,两村乡村治理逻辑理路主要表现如下:

(一) 重构盘活乡村能人权威,治理人力资本组织化

在M村和B村,不同能人权威类型之间并不是泾渭分明的绝对分立状态,而是一种相互嵌入互动的关系,以M村村支书杜SQ为例,他本身在村中就具有较高威望,被全票选举为村支书,现已任职40余年,依旧广受村民推崇。B村的教会长老杨FY,在B村具有较高威望,又经过民族宗教事务局及神学院等相关单位培训,授予资格,赋予其科层式权威,扮演着双重权威角色。

M村和B村的乡村治理实践显示了他们关于传统能人权威的盘活与重构的高度重视,积极将能人权威纳入到村寨基层自治组织机

---

① 相关数据资料由M村委会主任Y某提供,在此表示衷心感谢。
② 相关数据资料由B乡乡政府办公室主任L某提供,在此也表示衷心感谢。

制,实现了乡村治理人力资本的组织化、规范化、制度化,丰富了村寨善治资本。诸如毕摩(布摩)、家支长老、寨老等都是两村常见的权威类型。毕摩在彝族社会中是"百科全书"式精英,他掌握着渊博的民族知识,尤其在彝族文字、哲学、经典、传统医疗等方面尤为突出。M村的毕摩说:

> 我们这点只有我一个(毕摩),哪家有人不在(去世)了,娃娃不舒服(生病)了,两夫妻不能生育或者只生姑娘不生儿子,有人闹矛盾,喝酒过度,祭神、扫寨,这些都会请我去念经(做仪式)。除了这(M村),像晴隆、安龙、贵阳都会有人专门来请我。我用老辈们留下来的书,也自己写一些。现在我经书加起来有十几本了,有《劝善经》《解决经》《戒酒经》《喊魂经》《穿衣经》《替身经》《解神经》《祭祖经》《绕棺经》《清棺材》《不故经》《开路经》《指路经》《伏龙经》《接龙经》《围龙经》《看病经》《退喜神经》……这里面做什么的一看名字就晓得了,别人看不懂经书上的字,不过我念出来他们一听就晓得什么事做得做不得,什么话该讲不该讲……①

从对毕摩的访谈中可以看出,毕摩主要在人生规范、祭祀仪式以及矛盾纠纷等场合通过一系列的仪式行为来给民众以心灵慰藉,通过"神性"控诉力量规约村民的思想观念与行为方式,把符合当今主流价值观的一系列传统民族道德伦理和价值观通过文本记叙、口传仪式等传递给人们,其更多表达的是当地彝族的一种原生信仰力量以及对于乡村治理所发挥的"善治"意义。两村的彝族原生信仰大多是与其图腾制度以及亲属制度联系在一起,更多是以情感作为基础。信仰作为一种情感融入结点,通过仪式以一种超自然力量来塑化着族群成员意识,以共同信仰记忆叙事来告知人们如何遵守相应的规则,逐步构建和铸牢一种强烈的情感认同;以通过神话和民间故事叙说或者仪式实

---

① 在B村笔者也作了类似的访谈,访谈内容大体相似,便不再赘列。

践来监督、约束和规范着其系统结构中成员的行为方式,发挥着其强有力的治理效能①。

除毕摩之外,两村也存在其他类型的能人权威。彝族是个非常重视家支的民族,家支长老在家支范围内具有较高话语权和较强公信力,M村最大的家支为柳、杜二姓。村书记杜SQ就是杜姓家支头人,他在家支范围内和整个村寨中都享有最高话语权,处理村寨公共事务等方面做出了突出贡献。M村还将家支头人以及村中熟识民族传统文化的老人聚合起来,成立了老人协会。负责大小民间矛盾纠纷的调解。据该村村民委员会主任余EL介绍,自老人协会成立以来,许多矛盾纠纷在老人协会的调解下就已完全解决。

(二)摒弃乡村陈风陋俗,治理路径时代化

两村在"乡风文明"的培育和建设上,勇于摒弃陈风陋俗,积极引导传统习俗与时代新风相契合。M村于2000年成立了专门的红白理事协会,协会主要成员包括村书记、村委会主任、老年协会成员以及村民代表,共计50多人。按当地彝族传统丧葬习俗,其程序极其复杂,大小步骤加起来至少有上百个,且家有老人逝世,其子女与外甥都要各自拉1头牛前来吊丧,拉来的牛全部用于丧葬仪式饮食使用,成本十分昂贵,造成铺张浪费。为简化程序和解决铺张浪费问题,红白理事协会会长及成员召开会议进行陈风陋俗治理工作,使原来的费用降低了一半。规定如下:每家有老人去世后,遗孀或鳏夫在,不准置办白喜酒席,须在双亲都去世之后方可一同办理,且除了亲生子女外,只允许最亲的1个外甥拉牛,其他的一概不准许拉牛。这一做法深入贯彻了党和国家《关于推动移风易俗树立文明乡风的指导意见》,赢得了

---

① 赵旭东:《文化的表达:人类学的视野》,北京:中国人民大学出版社2009年版,第196页。

村民们的广泛接受和认同。M村村委会主任余EL说:"一开始村民是不太愿意按照协会规定来办的,所以成立之初的效果不是太好,不过时间长了大家也晓得这样很浪费,条件不好的家庭也负担重,慢慢地大家就开始认识到协会规定的好处了。到现在基本上已经形成了常规,大家认同了。我们的规定不仅仅影响到我们村,周围的村子都受到了影响。我们村书记当了40多年了,他从20多岁就开始当的书记,他动员每个村的村干部联合起来,大家一起治理铺张浪费的办酒席现象,现在效果越来越好,基本上没有人再反对了。"据该村杜GY老人回忆:"他们领导给我们讲家里老人去世,不能在当年搞,要等老伴去世的时候才可以一起办,不然是要罚款的,我觉得这个是合理的。因为办一次确实是很劳民伤财,浪费多,又耽搁家人做事,办一场法事要耽搁几百个工,太麻烦,之前好多人就是罚款也挡不住,后来慢慢就好了。看他们当领导也不好当啊!"

从访谈中可以知道,M村在移风易俗上所取得成效离不开该村村书记的辛苦付出及协会成员的辛勤劳动。

B村在村寨治理方面也取得可喜的成效。

第一,B村不断健全规范监管机制,吸收各家支头人成立了专门的监督管理体系。

第二,严格按照国家的宗教政策来开展工作,制定了"爱国爱教,知法守法,团结稳定,活动规范,教风端正,管理有序,整洁安全,服务社会"的八项标准。

第三,积极发掘当地基督教文化的积极性因素,与社会主义核心价值观引导相促进。

第四,在教堂礼拜时,改变了长老一人传道的传统局面,形成了信教群众共同表达自我诉求的新局面,将礼拜与当地群众日常生活密切联系在一起。

从具体的田野调查案例来看,B村村委会采取的治理措施是行之有效的：

首先，在思想观念、价值取向方面，培育了爱国守法、团结友爱、互助和谐、诚信友善、尊老爱幼、勤俭节约等与社会主义核心价值观相一致的观念。如一位信教村民龙 W 讲述了他的感受："我们是爱国爱教的，什么事能不能做，一般都要看规定，我们要做好公民，讲诚信，讲团结，孝敬老人，不能做有伤害爱国爱教的事情。"

其次，在日常生活方面，改变了 B 村的酗酒问题。村支部书记罗 GY 说："我们基本上每家都会烤酒，我们的咂酒一般放（存）不了多久，不够喝，好多人就去小卖铺里买瓶瓶装酒，早上喝，中午喝，晚上喝，以前有好几个人就因为喝酒把身体喝垮掉。通过爱国爱教学习变好了一些，不然以前喝醉了就发酒疯，打媳妇、打娃娃、打老人。哎哟，怕得很。"

再次，B 村监督管理机制促进了婚丧仪式的简化。在 B 村几乎看不到任何滥办酒席的现象，构建起了良好的乡风文明秩序。村民罗 MH 描述了婚丧礼仪的变化过程："如果按我们这里的古老习俗来办，一个老人去世了，他所有的亲戚都要牵羊来，要请布摩念经，请人吹唢呐、跳舞、扎纸灯、纸马、花圈那些，后来还有放烟花，这些加起来费用高得很，再加上办酒席请客吃饭就更多了，起码一次花费全部加起来要上万元才办得下来。现在他们就不按原来的习俗办，就比较简单了，没那么麻烦，花销又不大，还用不到原来的一半，哪个不喜欢。以前结婚也是很麻烦，办一台结婚酒至少要三天以上。现在如果按照基督教规定就简单多了，一天就可以办好了。"

B 村引导宗教文化的积极一面与社会主义核心价值观相促进，表现出了积极性效应，成为乡村治理的重要推动力。

（三）激发民俗文化活力，创新治理理念

卢梭曾把民俗视为重要的"法律"，以习俗的力量来配合行政管理

的力量。① 透过民俗文化,可以更清晰地观察到这个民族背后的生活逻辑和精神世界,作为传统彝族村寨,M 村和 B 村蕴藏着丰富多彩的民俗文化,其既与村民的日常生活联系在一起,又嵌入整个彝族乡村社会结构中,充分发掘优秀民俗文化,通过搭建民俗文化阵地,健全完善传统文化综合服务体系,举办丰富多彩的民俗文化活动,将优秀民俗文化融入乡村治理中,激活民俗文化的活性治理效能,构建一种日常化、生活化与活性化的乡村治理逻辑,是 M 村和 B 村实施乡村治理的一大亮点。

两村同属"中国少数民族特色村寨",尤其 M 村,被授予的国家级、省级、市级及县级等大小荣誉有四十多项。在文化荣誉符号效应下,两村的村寨基础设施不断完善,村寨公共服务功能不断健全,在实施乡村治理过程中,两村积极发掘利用优秀民俗文化资源,完善文化综合服务体系。无论是 M 村还是 B 村,走在村寨中留给人印象最深的就是那一幅幅生动形象、色彩鲜明的富含教育意义的民俗墙画和一件件房屋建筑装饰。图像呈现了一股强劲的视觉冲击力,两村通过民俗文化墙画教导的方式向人们传递着爱国守法、家庭和睦、孝敬父母、尊老爱幼、诚信友善、勤劳勇敢、团结互助、公正严明、健康卫生、保护环境、清廉正直等积极正向价值观。M 村村委会主任说:"我们画这个,一方面是为了美化村寨环境,我们是少数民族特色村寨,把我们的文化画在墙上,外来人一进来就晓得,不然就会说没有民族特色;另一方面国家现在号召建设乡风文明,搞乡村治理,我们把彝族文化和中华传统美德融合放在一幅图上,让我们村民一看就晓得什么该做什么不该做了,有时候比苦口婆心讲效果还好。"

栩栩如生、生动形象的图像传达的教育内容对村民来说不仅比枯

---

① [法]卢梭著,何兆武译:《社会契约论》,北京:商务印书馆1980年版,第73页。

第八章 贵州民族乡村传统治理资源整合重构与乡村善治

图 8-1 苗族锦鸡舞·丹寨

图 8-2 台江反排木鼓舞

第八章 贵州民族乡村传统治理资源整合重构与乡村善治 193

图 8-3 台江舞龙嘘花

燥的文字表达较容易理解和接受,还在很大程度上降低了不识汉字的彝族村民的理解障碍。

传统节庆民俗＋现代娱乐欢腾是两村发挥民俗文化治理功能的另一举措。M 村和 B 村根据乡村文化特性通过乡村民众喜闻乐见的方式两村通过建设健全文化阵地,积极开展"传统节庆民俗＋现代娱乐欢腾"活动,针对不同年龄群体与性别制定活动项目,以此聚集更多乡民参与到集体活动中。

以 M 村为例,从公历 1—12 月,几乎每月都会举行活动,经过整理,大体如表 8-1 所示:

表 8-1　M 村节庆民俗活动周期表

活动时间	活 动 内 容	奖励方式
1月	元旦节:拔河比赛、十九大会议精神与脱贫攻坚政策知识抢答竞赛、民歌大赛	
2月	春节:民族文化汇演、彝族民族项目大赛、传统体育竞赛、游园游戏(幸运转转转、拔河、夹弹珠等)、相关政策知识抢答竞赛、篝火晚会	奖品＋奖金
3月	"三八"妇女节:民族文化展演、妇女拔河比赛、歌唱大赛、厨艺大赛、民族刺绣展示、剪纸比赛	
4月	放电影活动:文化送万家,全寨观电影	
5月	"五一"劳动节、"五四"青年节(体育竞赛、优秀劳动模范推选奖励、"五四"青年精神学习教育)	奖品＋奖金
6月	"六一"儿童节:儿童体育竞赛、彝族民歌比赛、游戏比赛、夹弹珠比赛等	奖品(文具、玩具、饮料等)
7—8月	彝族火把节:传统体育活动(斗羊、斗鸡、斗鸟、打秋千、赛马等)、祭祀仪式、民族歌舞文化比赛、篝火晚会	奖品＋奖金

续　表

活动时间	活动内容	奖励方式
9月	农历九月初九重阳节：关爱老年人，组织老年人向青少年群体传教彝族传统文化（传统民族工艺、口头传统、祭祀仪式、民族美德等）	
10月	国庆节：民族文化展演、歌唱祖国民歌大赛、祭祀仪式、长桌宴、篝火晚会等	
11月	农历十月初一彝族年：祭祖仪式、千人彝族餐宴、民族歌舞文化表演、传统体育活动（斗羊、斗鸡、斗鸟、打秋千、赛马等）、篝火晚会、放电影	奖品＋奖金
12月	M村自定传统文化节：传统文化学习、民族文化汇演、民族歌舞比赛、民族体育比赛等	
备注	凡涉及民族文化汇演，M村规定每个小组自行排练两个以上节目参加。每次活动由政府部门协作，组织分工有序，职责明确。活动主要由统一领导小组、联络组、接待迎宾组、交通秩序与安全保障组、文化活动筹备与氛围营造组、伙食组、医疗卫生组、舆论宣传报道组、器材运输组、电力保障组、通信保障组、资料采集组以及预备小组等构成。活动期间，予以每名劳务者劳务补贴，提供交通运输的村民予以补贴	

从两个村寨的实践经验来看，集体民俗文化活动的作用表现是多方面的：

第一，横向空间聚合功能。开展贴近村民日常生活的民俗文化活动项目，鼓励村民设计节目，提高了村民参与公共活动的积极性与主动性。将寨内不同年龄群体横向聚合在一个相对灵活的活动空间，潜移默化地活跃了乡村公共生活，加强了乡村社会群体互动，增强了乡村社会内聚力。

第二，纵向记忆传递功能。传统民族歌舞表演与祭祀仪式是每一次活动必不可少的内容，可以传递生活生产经验，宣扬乡村道德伦理及表达民族精神,显示乡村社会成员的责任。如 B 村的彝族传统民歌分为出嫁歌、娶亲歌、丧歌、情歌、儿歌、生产劳动歌和新民歌等类别,其中,该村主题性民歌《阿西里西》唱的是民族团结之情;婚事歌《阿卖恩》唱的是责任与义务;丧事歌《孝敬父母》唱的是遵守孝道之理;儿歌《种麦谣》《撒荞歌》与舞蹈《撒麻舞》传递的是生产经验及教育子女要珍惜衣食;新民歌《卢虹高原之歌》《不管山有多高》《彝家儿女紧跟党》等表达的是各民族一家亲的认同之情。

第三,经济消费刺激功能。民俗文化活动在一定程度上刺激消费,将不同地域中的社会成员聚集在一起,通过活动带来经济消费,增加乡村总体经济收入,拓宽村民经济来源,同时还能促进乡村文化旅游以及民族文化产业的兴起与创新发展。每次活动外来人员的参观游览带来消费红利,如 2017—2019 年前往 M 村参加民俗文化活动的人数共计 10 万余人次,为该村带来了 60 余万元的经济收入。

第四,文化传承保护功能。民俗文化活动展演,推动了民族文化的活性动态传承,尤其是文体活动,既保留了原生文化形貌,又增添了新的时代内涵,赋予了民族文化新的生命色彩。如 M 村所在乡政府每年投入资金作为整个民族乡民俗文化展演活动的支持基金,成立了 40 余人规模的地方民族歌舞团,并每月予以固定工资,以此为民族歌舞文化的传承提供强有力的后盾。B 村在县、乡镇府的牵头组织下,成立了"阿西里西艺术表演团",表演团演员大多为 B 村村民,国家级非物质文化遗产彝族传统戏剧《撮泰吉》、彝族民歌《阿西里西》①,以及舞蹈《撒麻舞》《点荞舞》和《铃铛舞》等节目为表演团的重头戏。此外,杰出民间音乐文化人李 TC 是新民歌创作的彝族人,当地新一代年轻音乐文化传承者文 YJ、龙 JH、陈 J 等组成了"阿西里西组合",李

---

① 彝族歌舞《阿西里西》是 B 村除"撮泰吉"之外另一闻名中外的文化符号,曾被列为"中国少数民族十大民歌""WHI 世界民间音乐遗产保护范例""中国城市十佳形象主题曲",被作为第四届世界妇女大会开场曲目。

HY、文 Q、龙 Y、李 T 等组成的"阿姿阿巴组合"参加了"星光大道""民歌中国""中国农民歌会"以及"中国彝族原创音乐大赛"等电视节目，将 B 村彝族文化以歌舞形式展现在广阔的大舞台上，既传承发扬了传统民族文化，又为文化发展开辟了广阔的空间。

综上所述，民俗文化是乡村治理实施的强力"粘合剂"，通过乡村村民喜闻乐见的方式，以丰富多彩的活动形式将村民与其他群体成员黏合在一个情境中，在活动中发挥着它的和谐乡村，善治图景。

第二节 贵州民族乡村善治进路

从 M 村和 B 村治理看乡村善治的逻辑进路，贵州 M、B 两个彝族村寨根据本村社会文化结构，以贴近村寨民众日常生活的方式，将乡村善治灵活贯穿于群众中，取得了明显的治理效果。

(一) 完善治理行为主体结构，构建长效多元联动机制

M、B 两村完善乡村治理行为主体结构，厘清权力关系，与过去的管理经验比较，其更加注重民间力量的公共参与，在统筹安排下合理有序地将群众组织力量吸收进来，共同构建一个宽领域、多形式的民主治理主体。

首先，党建是乡村治理的引领，党建工作是乡村治理的基础，号召鼓励优秀党员深入乡村第一线，同时深入发掘乡村精英人才，吸收发展加入党员队伍，不断调整和完善乡村基层党员结构。其次，自治是乡村治理的核心，在党的统一领导和地方政府的有序组织下，增强村级自治组织的导向功能，再次，法治是乡村治理的保障。以 M 村与 B 村为例，加强了乡村治理过程中的法治建设工作，积极引导法律工作者送法下乡，构建特定的乡村法律服务团，不断提高乡村民众的法律

意识。最后,德治是乡村治理的重要基础。定期推选思想品德表现突出的干部、村民以及其他群体作为模范,授予荣誉称号以及物质奖励,通过模范效应刺激各主体乡村治理的积极性与主动性。

(二) 资源优势联结,激发传统治理活力

民族村寨大都保留有一套相对完整的"自治"体系,在乡村社会中依旧发挥着强大的社区调控功能,有效地维系着乡村秩序的稳定,文化的传承以及乡村经济的发展。从当下"三治融合"视角出发,乡村治理是包含政治、经济、社会、文化及生态等多元层面协调推进的系统性工程,立足乡村结构模式,重视传统治理资源的发掘利用,积极调动乡村传统治理资源,创新性地将传统治理资源与国家的政治调控、制度安排和行政规约相适配,增强治理的有效性。

乡村民众的思维方式与其文化规定性之间具有十分密切的联系,乡村治理应当与乡村民众的生活生产紧密联系在一起,将乡村公共利益与民众的基本需求考虑进去,发挥新时代国家的制度优势,不断激发传统治理资源的活力,通过举办民俗文化活动、民族文化与政策知识竞赛、文化墙制作、民族歌谣诗歌创作、民族戏曲剧目编排等活动,实施贴近乡村民众日常生产生活的喜闻乐见方式,培育文化治理理念,让社会主义精神文明在乡村更加具体化、活态化、生活化和生动化。

(三) 培育构建共同体意识,提升村民的集体治理能力

乡村共同体对于乡村村民而言,将村民紧密团结于一起,具有一种强有力的内聚力。随着经济大潮的到来,乡村共同体意识日趋薄弱,市场经济在一定程度上冲击了传统伦理情感道德,集体利益保护意识日渐淡化,个体利益日趋明显,村民与村集体之间甚至出现"分离"的状态。这种"分离"表现为个体村民毫不关心村集体事务,个体村民为了谋求个体利益不主动参与乡村共同体治理。

要真正实施乡村善治,就应重点处理好个体与集体之间的关系,治理主体都应当树立一种强烈的互融共荣的"在一起"的人文性集体回归情怀①,唤醒村民内心深处的乡愁情感,使其在深层次心理结构中培育并构建起一种乡愁意识和乡村共同体意识,并不断加以铸牢,让个体与集体从"分离"走向"融合",逐渐形成命运与共,唇齿相依,休戚相关的命运共同体。村民们喜闻乐见的、具有针对性的娱乐及竞赛活动,这不失为一种将村民集聚起来的有效方式。在活动中可以加强不同主体之间的团结协作,潜移默化地形成和强化乡村共同体意识。

(四)注重乡土精英的培养,发挥新能人与乡贤的治理作用

注重乡土精英的培养,发挥新能人与乡贤的治理作用,在 M 村和 B 村的乡村治理具体实践中得到了验证。例如上文提到的 M 村村书记杜 SQ、毕摩以及老人协会的成员,B 村的教会长老以及各家支长老等,他们在各自乡村领域中发挥着重要的治理作用。

乡土精英与乡贤一般是土生土长于本乡村社会,熟知乡村社会的情况,具备丰富经验且享有人脉资源,能积极调动各种社会力量,在乡村社会中被人们广泛认同。在社会转型与发展过程中所出现的各种新兴人才,尤其在当下的乡村治理环境中,能人更是多元多样,要实现乡村善治,应当深入发掘乡村精英、能人以及乡贤群体,将其充分吸纳到村治理机体内,通过成立相应的协会,给予其政策性、制度性保障,不断建立健全乡村善治机制。

四、分析与讨论

民族乡村传统治理资源在乡村"自治"中发挥着维系着乡村秩序

---

① 赵旭东:《人类学与文化转型——对分离技术的逃避与"在一起"哲学的回归》,《广西民族大学学报(哲学社会科学版)》2014 年第 2 期,第 32—48 页。

结构稳定的作用。在社会转型过程中,乡村传统治理资源的生存环境发生了变化,当今是全球化、市场化的时代,乡村已从相对闭守的状态走向了开放,乡村结构也已发生变化,在此环境下,民族乡村传统治理资源如何实现乡村治理的盘活,是实施乡村善治的关键。本章通过"观察+深度访谈"的研究方法,以贵州两个彝族村寨M、B的乡村治理作为研究对象,分析和总结了两个村寨的乡村治理实践路径,目的是通过鲜活的田野案例来讨论乡村传统治理资源对于当前"三治融合"背景下实现乡村善治终极目标的现实价值。通过研究发现,民族乡村本身蕴含的传统治理资源在历经转型后至今仍具有坚韧的生命力和强大治理功能,是乡村善治的坚固底盘,乡村传统治理资源与国家发展有着高度契合的地方。乡村传统治理资源在助力移风易俗、凝聚乡愁力量、强化情感认同、团结乡村民众、构建和培育乡村共同体意识、传承保护文化、推动乡村振兴等方面彰显了突出作用,表现出了与时俱进的自主调适力度。故此,新时代要构建完善"三治融合"乡村治理体系,实施乡村善治和实现治理有效,不仅需要国家力量的管理还应借助民族乡村传统"自治"力量。

在国家制度的引导下,笔者以为应当从四个方面着手:第一,切实把握乡村实情,因地制宜,深入扎根于乡村优秀文化传统,把握文化差异性与文化互融特性,不断完善乡村治理行为主体,构建长效多元联动的治理机制。第二,积极重视乡村传统治理资源的发掘、传承、保护、整合和盘活,以乡村资源优势联结国家制度优势,激发乡村传统治理资源的活力,把乡村治理中切合当地实际的民族习惯、乡规民约、信仰文化等民间智慧整合起来,综合利用,构建有序合理的治理规范体系。第三,培育构建和铸牢共同体意识,提升村民的集体治理行动能力。第四,注重乡土精英的培养,发挥新能人优势与乡贤的治理作用,将优秀的乡土精英、乡贤等融入乡村治理中去,对实施本土化治理,推动乡村治理体系完善与乡村治理能力现代化具有重要意义。

第九章 贵州民族文化保护与开发的经验、困境、路径

- 生产性保护和保护性开发
- 民族文化特色的趋同与媚商困扰
- 民族文化-文化扶贫-经济社会发展

喜盘江铁桥成[1]

[明] 潘润民

黑水由来破浪狂,

何人石上架飞梁?

千寻铁锁横云汉,

百尺丹楼跨采凰。

可信临流无病涉,

因知济世有慈航。

澜沧胜迹今重见,

遗爱讴歌满夜郎。

---

[1] 冉砚农主编:《我爱贵州诗词选》,贵阳:贵州人民出版社2003年版,第415页。

文化是一个民族生存、发展的根本。每一个民族的文化,都有它不可取代的重要性。贵州的民族文化内涵丰富、历史悠久,是千百年来各族人民心血和汗水的结晶,也是对中华文明和人类文明所做出的杰出贡献。今天,贵州各族文化的价值仍然需要人们进一步去发掘和保护。

第一节 贵州民族文化的保护与开发实践经验

从贵州民族文化保护与开发的实践历程来看,其保护与开发的实践逻辑出发点主要围绕民族文化多样性、"生产性保护"和"保护性开发"、民族文化"资本化"三个方面来进行,而贵州民族文化实践的路径和经验可总结为"政策给力""群众努力""市场发力"三个方面。因此,可以将改革开放以来贵州民族文化保护与开发的实践逻辑和实践路径概括为"三以三力"。

(一)以民族文化多样性作为"多彩贵州"的文化底色

贵州是一个民族众多的省份,全省共3个自治州,11个少数民族自治县。全省境内世居民族有汉族、苗族、布依族、侗族、土家族等18个。此外,亦有其他少数民族散居在贵州各境。正因为贵州文化主体多元化,才造就了丰富多彩的贵州民族文化。由此,导致文化多样性的产生,亦为贵州民族文化多样性奠定了坚实的基础。从贵州文化主

图 9-1 苗绣·台江施洞

图 9-2　贵州百里杜鹃

体来看,形成了特色鲜明的汉文化(屯堡文化)、苗文化、布依文化、侗文化,等等。从不同角度分类,如"少数民族文化""阳明文化""土司文化""红色文化""三线文化""山地文化""生态文化",这些多样化的"文化元素"构成了"多彩贵州"的文化底色。

自改革开放以来,贵州不断解放思想,大力挖掘优秀传统民族民间文化,不断深化文化体制改革,积极探索和建立民族文化高地,结合贵州的民族文化特征,以及独特的文化生态系统,不断挖掘和打造一批享誉国内外的民族文化遗产,如侗族大歌、侗族服饰、侗戏、苗族芦笙舞、木鼓舞、苗年、苗绣、苗族蜡染技艺、苗医药、布依族三月三、布依族八音坐唱、布依戏、水族端节、水族马尾绣、水书习俗、彝族铃铛舞、铜鼓十二调,以及苗族史诗《亚鲁王》,等等。这些独具特色的民族文化或已被列入"世界非物质文化遗产名录",或"国家级非物质文化遗产名录"。绚丽多姿的民族文化使得多彩贵州更具生命力,贵州的文化底色愈加凸显,民族文化自觉和民族文化自信不断提升。

(二) 以生产性保护和保护性开发作为民族文化持存原则

改革开放以来,贵州始终贯彻落实党中央的文化建设精神,立足省情,坚持"保护为主,抢救第一"的原则,不断打造民族文化高地。文化来源于人民群众,又反哺于人民,人与文化是相生相随的。文化不仅影响着人们社会生活的方方面面,也影响着一个族群,一个国家,乃至整个人类社会的发展走向。"文化是一个国家、一个民族的灵魂。文化兴国运兴,文化强民族强。没有高度的文化自信,没有文化的繁荣兴盛,就没有中华民族伟大复兴。"①可见,文化对于一个国家,一个民族是何等的重要。近年来,贵州始终以生产推动保护,以保护促进

---

① 参见中国共产党第十九次全国代表大会报告,2017年10月18日。

图 9-3 兴义万峰林及农田

图 9-4 兴义万峰林八卦田

开发,形成了生产性保护和保护性开发的文化高地建设模式,并形成良好的文化自觉、文化自信和"文化经济"。

从贵州民族文化保护与开发的原则和逻辑来看,"保护为主,抢救第一"是首要原则,而保护与开发的逻辑出发点主要是生产性保护和保护性开发。一方面,通过生产的路径来达到文化持存;另一方面,以文化自觉和保护意识为前提进行合理性开发。既保存了民族文化的原真性和民族性,又促使民族文化有效生产,即文化再创造,形成了独具特色的民族文化产品和民族文化服务。就贵州民族文化的生产性保护和保护性开发而言,其成功之处在于使民族文化资本化,这里的资本既有经济属性,又有社会属性。经济属性是贵州民族文化资本化最为直观的效能,是文化的经济价值取向,而贵州民族文化资本化的社会属性则是其社会结构和谐稳定的内核,是经济再造和民族文化持存的基础。

(三) 以民族文化资本化作为文化扶贫的实践逻辑

贵州是民族文化富集地,丰富多彩的民族文化元素不仅使贵州文化底色与众不同,也推动了贵州经济社会的大发展、大繁荣。改革开放以来,贵州民族文化不断被挖掘、保护、开发。贵州民族文化大开发和文化大扶贫的实践结果表明,民族文化资本化的现实意义重大。近年来,贵州在"文化扶贫"领域不断加大制度建设和制度落实,例如2016年5月贵州省专门出台了《关于建设多彩贵州民族特色文化强省的实施意见》,旨在提升文化育人和文化富民的能力。贵州充分利用丰富多彩的民族文化资源优势,不断打造具有地域特色的民族文化产品和民族文化服务,使民族文化-文化扶贫-经济社会发展有效结合起来,从而形成一套以市场为导向,以民族文化为资源,以文化扶贫为目标的民族文化保护与开发模式。随着文化市场不断开放,民族文化资本化运作的路径不断增多,贵州民族文化资本化的经济效能和文化扶贫成效不断凸显。

从贵州文化扶贫实践来看，目前主要是利用民族文化差异性特点来打造民族文化旅游业，使民族文化在旅游业中实现经济价值，从而达到民众增收和文化扶贫的目标。近年来，贵州在打造民族文化旅游方面取得了显著成效，例如西江苗寨、芭沙苗寨、肇兴侗寨、占里侗寨、镇山布依寨，等等。这些民族村寨通过自身民族文化优势转化为经济优势，一方面增强了民族文化自觉和文化自信，另一方面，推动了当地群众实现经济增收、减贫致富，推动了传统优秀民族民间文化复兴。贵州在推动文化建设过程中，不是简单的"文化搭台，经济唱戏"，而是通过文化建设来推动民族地区基础设施建设，提升民族文化自信和民族文化保护意识，激发民族文化主体内生动力，真正实现文化育人和文化富民。

（四）把政策给力作为民族文化保护与开发的制度基础

改革开放以来，国家不断出台兴边富民政策。在这些惠民政策中，不仅有经济建设政策，还有文化建设内容。例如，2005年国家出台了《关于加强我国非物质文化遗产保护工作的意见》，2009年《关于进一步繁荣发展少数民族文化事业的若干意见》，2016年《关于印发"十三五"促进民族地区和人口较少民族发展规划的通知》，2017年《关于印发兴边富民行动"十三五"规划的通知》，2017年《关于实施中华优秀传统文化传承发展工程的意见》等政策法规。党中央、国务院历来高度重视贵州的发展，不断为贵州发展提供政策保障。例如，2012年国家专门为贵州出台了《关于进一步促进贵州经济社会又好又快发展的若干意见》，有效推进了贵州民族文化保护与开发，大力推动民族文化大保护和大开发。

改革开放以来，贵州先后出台了《贵州省文物保护管理办法》《贵州省民族民间文化保护条例》《关于进一步繁荣发展少数民族文化事业的实施意见》《关于加快民族药业和特色食品产业发展的意见》《关于落实民贸民品优惠政策推动民族地区加快产业发展的意见》《关于加强传统村落保护发展的指导意见》《关于支持苗药做大做强若干政策措施的通知》《关于支持贵州侗乡大健康产业示范区建设发展的意见》《关于建设多彩贵州民族特色文化强省的实施意见》等。这些政策法规为贵州民族文化的大保护、大开发提供了强有力的制度保障,贵州的许多优秀传统民族民间文化,如侗族大歌等得以复兴、发展、繁荣,甚至享誉国外。从某种意义上来讲,政策给力是侗族大歌广为人知且被列入世界非物质文化遗产名录不可或缺的重要因素之一。贵州民族文化的繁荣和发展始终离不开政策的支撑。

(五) 把群众努力作为民族文化自觉和文化自信的基础

贵州民族文化之所以得到很好的保护和有效的开发,政策给力必不可少,群众努力也至关重要,群众不仅是文化的创造者,同时也是文化的载体和传承者。贵州民族文化发展的群众努力主要表现为人民群众高度的文化自觉,这种文化自觉既有内在自觉,又有外在自觉。内在自觉主要是民族文化主体通过对自身文化高度认同所形成的良好心理选择,这种主动选择对民族文化的传承和发展具有重要作用;外在自觉主要是民族文化持有者在外力推动下对自身文化进行再认识和再认同的心理选择,这种心理选择集中表现为由民族文化资本化所带来的经济价值而引起的文化再自觉和文化再自信。可见,文化认同是最深层次的认同。在贵州人民群众的文化内在自觉和外在自觉作用下,民族文化自信和文化自觉不断增强,民族文化保护与开发成效不断显著。

(六) 把市场发力作为民族文化资本化运作的基础

改革开放以来,贵州不断解放思想,聚焦市场,深化文化体制改革。近年来,贵州始终以市场为导向,不断挖掘优秀传统民族文化,使民族文化成为经济发展的重要资源。形成了政策给力、群众努力、市场发力的民族文化保护与开发模式。

贵州始终遵循市场运作规律,优化民族文化营商环境,民族文化在生产、流通、销售过程中得到有效的市场运作。贵州民族文化资本化的市场运作实践表明,民族文化不仅育人,还可以富民,走市场化,是必经之路。

第二节 贵州民族文化保护与开发面临的问题

贵州民族文化在保护和开发过程中面临不少问题,主要集中表现在以下几个方面。

(一) 民族语言文化趋同化

贵州的民族文化多样性具有丰富的主体基础。基于丰富的民族文化资源,为打造民族文化旅游创造了先天的优势,有效地助推当下的社会经济发展。然而,随着现代性的强势介入,在民族文化保护与开发过程中,我们不可避免地会遇到一些问题。其中不可忽视的便是语言,其已经出现削弱的态势。众所周知,语言是文化的重要载体,是一个民族的重要标志。语言不仅是一个族群表达自我和呈现自我的重要方式,同时也是族群认同的重要基础。

市场化过程中,为了迎合市场需要而呈现具有商业性的民族文化表达方式,在这个过程中,某种程度上是民族文化被消解的过程。以苗语为例,过去在苗寨民族地区,几乎人人都会说苗语,这为下一代创造了语言学习的场域,代代相传,自然而然地就会习得。然而,经济飞速发展,越来越多的人走出了原生场域,进入新的环境,许多少数民族地区的家长为了使自己的孩子能够迅速融入社会,会引导孩子从小学阶段学习普通话。从某种程度上来讲,民族地区的人们愈趋近于现代社会,其距离原本的族群语言会越来越远,在不断融合的过程中,他们会逐渐淡化族群记忆,模糊"民族"的内涵,以致出现是苗族却不会说苗话,是布依族却不会讲布依语的尴尬局面,民族语言流失还有一个原因,就是对民族语言文化的重视程度不够。综观贵州民族文化的保护与开发,其着力点主要是节日文化、服饰文化、建筑文化、婚俗文化等,而在语言保护与开发的安排和资金投入上相对较少,这也是语言趋同的因素。

(二) 民族"空间文化"趋同化

贵州原本是一个"空间文化"丰富多彩的区块,而这种区块的形成和塑形离不开贵州丰富多彩的民族文化。"空间文化"是一个复合式的"空间文化集",它同聚落空间息息相关。"我们可以将聚落空间分为功能性空间与仪式性空间两类,前者指具有很强功能性的生产与生活空间,可以分为属全体居民所有的聚落整体与以住宅为代表的私人建筑两个层面;后者一般包括举行祭祀、典礼与娱乐活动的公共空间,例如宗教寺庙或公共广场等。当然,二者界限并不清晰,住宅中可能有举行典礼的空间;聚落空间中的典礼建筑在日常生活中也可能承载功能性活动"[①]。功能性空间相对于仪式性空间具有常态性,仪式性空间的建构和形成往往与传统仪式文化密切相关。

在现实社会生活中,"空间文化生产与再生产方式具有多样性,在某一时期某种文化生产方式占主导,其他方式共同发挥作用,导致地

---

① 赵晓梅:《黔东南六洞地区侗寨乡土聚落建筑空间文化表达研究》,清华大学博士学位论文,2012年,第2页。

方意义呈现形式的多样性。同一时期地方意义所呈现的复合性和多种形式可能满足了不同时代菁英多元的文化认同"①。然而,随着现代性介入和全球化推进,传统文化保护与开发的矛盾日益凸显。"在现代全球经济、文化一体化浪潮冲击下,传统古镇、街市、场景在城市化进程中逐渐消失,代之以形形色色欧陆风情的街区、楼盘以及雷同的时尚现代建筑。在传统地域逐步丧失自身文化与景观特色的同时,无差异的新城市景观使人们失去了对老城和'老家'记忆的连续性和对文化根基的认同感和归属感"②。近年来,贵州在推进城镇化建设过程中,由于"受市场经济和城市化的影响,乡村公共空间呈现出一系列文化不自觉的表征,例如公共空间强势植入、城市文化霸权、主体偏向和公共性缺失等"③。

贵州民族"空间文化"趋同的原因主要源于两股力量,一股力量源于现代化和城镇化强势介入,一股是一些地方政府为了政绩,在保护和开发民族"空间文化"过程中,人为摒弃传统,刻意引入异域文化元素,这种"空间文化"建构实践主要表现在旅游景区中。例如,一些地方政府为了体现创新,在景区的建筑设计上,房屋内部采用钢筋混凝土,外部则是吊脚楼式的建筑风格。这种"空间文化"建构逻辑在贵州的许多景区普遍存在。事实上,这种"空间文化"建构逻辑存在很大的缺陷:一是忽略和弱化了本土文化主体的文化选择权;二是模糊了本土特色文化的特征和压缩了本土文化的存在空间;三是增加了文化保护成本。

---

① 梁增贤、保继刚:《文化转型对地方意义流变的影响——以深圳华侨城空间文化生产为例》,《地理科学》2015年第5期,第544—550页。

② 王云才、史欣:《传统地域文化景观空间特征及形成机理》,《同济大学学报(社会科学版)》2010年第1期,第31—38页。

③ 胡全柱:《文化自觉视角下乡村公共空间探析》,《河南大学学报(社会科学版)》2016年第1期,第62—69页。

(三) 保护与开发理念趋于重物质轻精神

从当前贵州民族文化保护与开发实践来看,更多聚焦于有形文化的保护,例如民族建筑文化、民族服饰文化、民族芦笙文化、民族铜鼓文化、民族技艺文化,等等。尽管这些有形文化被纳入保护范畴,但许多保护工作仍停留于表面,有些地方存在"机械"保护现象,即为了获得文化品牌符号、政策性资金投入,以保护传统民族文化为由,以获取资金投入为目标,积极申报民族文化保护项目。

在申报传统民族文化保护项目过程中,一些地方政府为了体现经济效益和彰显政绩,往往选择一些视觉能够直接体验到的有形文化。一方面,为打造民族文化旅游开发,预设文化图景,吸引外资和游客;另一方面,为政绩寻找亮点和依据,因为有形文化较无形文化具有先天的表现力,领导能看到,商家能看到,游客能看到。基于这样一种保护与开发逻辑,贵州一些地方政府在开展民族文化保护与开发过程中,迎合了文化市场的"造势"需求和达到了短期的政绩目标,但从另一个角度来看,其也带来很大的负面影响。例如,造成传统民族文化保护与开发项目结构不合理,导致保护与开发资金投入不均衡等。

(四) 主观性文化项目安排与监管制度缺失

科学合理的制度安排对民族文化保护与开发必然能带来积极作用,而凭空预设的制度安排不仅会对民族文化保护与开发带来消极作用,甚至还会引发民族文化消解,或民族文化消亡。一些地方政府为了获取上级文化项目资金支持,人为绕开已有的制度法规和申报程序,主观预设申报民族文化项目,偏离了文化保护初衷和原则。

在实施贵州民族文化保护战略过程中,申报"非遗"是一种有效的保护路径。因为被列入世界级、国家级、省级的"非遗"项目,不仅在制度上和资金上能得到强有力的保障,还会增加"非遗"项目本身的知名度,以及因知名度而带来各种社会效益和经济效益。因此,申报"非遗"项目已成为许多地方政府力争的政绩。申报"非遗"项目本身是一种积极有效的文化保护路径,但在申遗的过程中,一些地方政府的工作人员并没有秉持客观、科学、求真的原则进行申报。例如一些负责"非遗"申报工作的地方政府工作人员,为了节约时间和省事,在申报"非遗"项目时往往采用电话的形式向乡、村一级干部咨询,而能否成为"非遗"项目,往往凭借工作人员的经验来决定。这种申遗保护程序,一方面没有深入了解文化保护的核心内容,使"非遗"项目的申报具有较强的主观性;另一方面,"非遗"申报工作没有秉持客观和求真的原则,缺乏实地考察和综合分析。一些地方政府申请"非遗"项目,并非全力保护"非遗",而是借助"非遗"项目来实现政绩诉求。

"文化搭台,经济唱戏"已普遍成为一些地方政府实现经济发展的惯用手法。文化资源转为经济资本是地方政府打造旅游的一种路径,一些地方政府为了打造旅游胜地,扩大招商引资和吸引游客,人为虚构旅游资源,例如旅游目的地的称谓命名、本土文化的内涵建构等,一些原本不是本土文化的文化要素,却被说成是本土文化特质。对旅游者来说,初次体验可能有一种新鲜感,但之后就未必是了。而对于本土文化持有者来说却是一种痛苦,因为许多被虚构了的文化事项,在本土文化持有者的心里是不被认同的。

(五) 保护形式化与开发庸俗化的现象依然存在

改革开放以来,贵州民族文化保护与开发取得了很大的成绩,但保护形式化问题严重,一些地方政府只想通过文化资源来实现短期的经济目标,甚至有些地方政府只想保住文化项目指标和项目资金,而对文化本身的保护举措却寥寥无几。有些地方政府为了完成上级文化部门的任务,没有按照"保护为主,抢救第一,合理利用,加强管理"的理念来上报项目,没有真正发挥职能部门本该应有的作用,"为了迎合现代消费者的口味和市场的需求,有很多非物质文化遗产被进行了过多的改造和包装,从而导致非物质文化遗产的消亡。这种行为表面上看起来是弘扬了民族文化。实质上,使非物质文化遗产失去原有的精神意蕴。"①

近年来,贵州还存在民族文化开发庸俗化的现象,例如,一些地方政府为了打造和开发民族文化旅游,扩大招商引资渠道,人文建构一些当地没有的"伪民俗",以及生产和销售不具本土特色的文化产品,甚至有些旅游公司不顾产品的文化内涵,人为建构"伪民俗",并宣称这是当地的"特色文化",还为这些"伪民俗"建构文化历史,并将相关的"历史叙事"纳入导游词之中,以博游客欢心。

(六) 保护与开发协同不足

近年来,贵州在民族文化保护与开发方面做了不少努力和工作,也取得了不少成绩。综观这些成绩的背后不难发现,一些民族文化保护的主体和开发的力量主要是政府和企业。这种保护路径是政府主导、投入资金、制定制度,企业基于商业利润参与开发,民族文化主体参与度非常有限,甚至缺乏话语权。

在一些民族文化保护与开发实践案例中,我们发现,政府、企业、文化主体之间常常出现角色错位。事实上,民族文化保护与开发,政治扮演的只是引导的角色、企业扮演的是参与的角色,而文化持有者才是真正的主体。但在具体的实践过程中往往被颠倒过来,即政府主导,企业参与,文化主体配合。之所以出现这样一种奇怪的现象,一方面是政府过度主导,极力将民族文化保护与开发作为本届政府的对外宣传招牌,另一方面是文化主体严重缺乏文化自觉、文化自信,以及存

---

① 陈莉:《非物质文化遗产的保护与开发利用》,《贵州民族研究》2007年第2期,第97—101页。

在严重的文化保护依赖心理。在一些民族文化聚居区内仍存在部分文化持有者对自身文化不够自信的情况,自认为自身文化比较落后,这种思想在一定程度上不利于民族文化的传承和保护。更有甚者,一些文化持有者认为民族文化的保护与开发是政府的责任,文化保护的大旗应该由政府来扛,这是一种错误的认识。

事实上,文化持有者才是民族文化传承与保护的主体,相比政府、企业,他们对自身文化负有不可推卸的责任,文化持有者更多的是持观望态度,参与民族文化开发的热情度不高。文化持有者之所以会产生如此的态度,无疑有以下几个原因:一是对自身文化认识不够深入;二是对自身文化不够自信;三是缺乏文化资本化思维;四是存在依赖心理。这在一定程度上影响了到整体民族文化保护与开发的效果。

第三节　贵州民族文化保护与开发实践路径

改革开放以来,贵州在民族文化保护与开发方面投入了不少财力、物力,也取得了较好的成绩。同时我们也看到了贵州在实施民族文化保护与开发战略过程中所存在的一些问题。因此,还应该在以下几个方面着力。

(一) 强化民族教育和提升文化自觉

贵州的许多地方开办了"双语"教学,但因师资问题,许多民族教育教学很难正常开展。众所周知,教育对于一个个体、一个族群、一个国家的发展至关重要。因此,要唤醒和提升民族文化保护意识和增强民族文化自信,强化民族教育是一条有效的路径。贵州在推动民族教育过程中,还应扩大投入力度,尤其是资金投入和师资投入。同时,还应该在中小学教育阶段普及民族学的基础知识,一方面使中小学生充分了解我国多民族并存、和睦相处的基本常识,筑牢中华民族团结的基石。另一方面,促使民族文化持有者对自身民族文化有深入的认识,以此激发民族文化自信心,唤起民族文化保护意识,从而形成高度的民族文化自觉。

"文化自觉是指生活在一定文化中的人对其文化有'自知之明',明白它的来历,形成过程,所具的特色和它发展的趋向,不带任何'文化回归'的意思,不是要'复旧',同时也不主张'全盘西化'或'全盘他化'。自知之明是为了加强对文化转型的自主能力,取得决定适应新环境、新时代时文化选择的自主地位。……文化自觉是一个艰巨的过程,首先要认识自己的文化,理解所接触到的多种文化,才有条件在这个已经在形成中的多元文化的世界里确立自己的位置,经过自主的适应,和其他文化一起,取长补短,共同建立一个有共同认可的基本秩序和一套各种文化能和平共处,各舒所长,联手发展的共处守则。"[①]因此,贵州在强化民族教育的过程中,不仅要唤起文化持有者的文化自觉意识和提升民族文化自信,同时还要培养其包容性意识,构建民族文化多元一体化格局。

在推动民族文化教育和提升民族文化自觉过程中,我们要有这样一种意识,即"文化自觉不是文化保守主义,也不是搞文化对垒或文化冲突,更不是奉行文化独尊……坚信建立在文化自觉基础上的文化自信,既有助于克服文化独尊和盲目文化自傲,也有助于克服文化自卑和文化盲从"[②]。事实上,"文化自觉体现在重视文化的作

[①] 费孝通:《反思·对话·文化自觉》,《北京大学学报(哲学社会科学版)》1997年第3期,第15—22页。
[②] 邱柏生:《论文化自觉、文化自信需要对待的若干问题》,《思想理论教育》2012年第1期,第14—19页。

用,并在对自身文化与全球文化清醒认识的基础上,进行正确、自主的文化选择"①。因此,强化民族教育,唤起民族文化自觉意识,增强民族文化自信,对于推动贵州民族文化保护与开发具有重要的现实意义。

(二) 公平合理运用"权力资本"

"权力资本化作为一种特殊的权力存在形态,不是政治特权谋求经济权力的单一层面,而是政治权力资本化和资本经济权力政治化的混合产物,它充分体现着政治权力向经济领域、经济权力向政治领域相互渗透的内在要求"②。近年来,贵州在实施民族文化保护与开发过程中,一些地方政府和部门存在"权力资本"使用不公平、不合理的现象。例如,一些政府官员利用自己手中的权力,对民族文化保护与开发进行干预,具体表现在人为操控民族文化保护对象、保护资金、开发对象、开发资金,等等。这种干预主要以政治权力为手段,并基于主观偏好和一己私利,对民族文化保护与开发实践进行控制,尤其是文化保护与开发的指标和资金的控制。

虽然贵州在民族文化保护与开发领域制定和出台了许多制度法规,也一定程度上为贵州民族文化保护与开发提供了制度保障,但"在当下的地方政府权力清单推行过程中,存在着政府及其职能部门不主动、不积极,权力清单的内容不完整、不客观以及不合法等问题。必须将地方政府权力清单制度予以法制化,这是稳步推进权力清单制度顺利推行的需要,是确保权力清单内容合法性的需要,也是保证权力清

---

① 胡显章:《全球化背景下的文化多样性与文化自觉》,《清华大学学报(哲学社会科学版)》2007年第3期,第140—144页。
② 赵家宝:《我国转轨期政治结构中的权力资本化路径》,《学术探索》2005年第5期,第13—18页。

单内容得以顺利实现的需要"①。

为确保贵州民族文化繁荣发展,在实施贵州民族文化保护与开发过程中,要不断提高"公权力"的透明度,以及"权力资本"使用的合法性、公平性、合理性,并加大对"权力资本"使用去向监督,同时扩大监督面和监督力度。"只有在广泛有效的监督之下,政府才不会懈怠,才能有效遏制滥用权力和以权谋私"②。

(三) 鼓励和加大"知识资本"投入

"知识资本"是蕴藏于知识中,以知识形态存在和运行的③,它的核心主要是指特定人才和技术的组合所拥有的创新能力和这种能力的持久性④。"知识资本"主要是以知识为发展要素,随着知识经济的到来,"知识资本"显得越来越重要。贵州当前正处于社会高速发展时期,各个领域都在进行改革和创新,文化建设亦是如此。

贵州要开展民族文化保护与开发战略,必然需要人才,而专业人才是当前贵州急缺的一种"知识资本"。因此,贵州在民族文化保护与开发过程中,应该着力加大以下几个方面的"知识资本"投入:一是依托高等院校,培养专业的民族文化保护人才,建立文化保护人才专库;二是打造本土文化保护精英和文化团队;三是吸纳贵州境外"知识资本";四是鼓励社会各界"知识资本"介入。五是整合有力的"知识资本"参与贵州民族文化开发。六是建立民族文化保护资料库和开发技术库。要使"知识资本"发挥作用,必然离不开知识分子。

---

① 王春业:《论地方行政权力清单制度及其法制化》,《政法论丛》2014年第6期,第26—33页。
② 参见《求是》2012年第8期,《让权力在阳光下运行》第3—8页。
③ 陈则孚:《论知识资本的运行与发展》,《中共中央党校学报》2000年第3期,第43—49页。
④ 唐绍欣、刘文:《西方知识资本理论述评》,《经济科学》1992年第2期,第98—103页。

众所周知,"大学及其知识分子还具有独特的使命,是其他社会组织和社会成员无法承担的使命,即在自我反省与批判的同时,通过理性精神与专业知识从科学与价值两个纬度对人类的实践活动及其结果进行质疑和反思,只有这样,才不会盲目'适应',无所适从,抛弃自己的理想,而有可能真正成为:不是出于功利和眼前需要而存在的社会机构,而是人类精神激励的场所,国家理智的神殿,知识分子也才能真正成为社会批判的精英,社会良知的代言人"[①]。就学者参与贵州民族文化保护与开发而言,目前的总体参与度较低,而且以"理论参与"居多。因此,提高学者实践参与度是今后贵州民族文化与开发的一种态势,更是贵州民族文化保护与开发理论与实践结合的要求。

(四)建立民族文化传承链机制和开发机制

"机制泛指一个工作系统的组织或部分之间相互作用的过程和方式"[②]。就贵州民族文化保护与开发而言,同样需要建立科学的传承链机制和开发机制。民族文化传承链需要文化主体自觉传承,并形成良好的代际传递,以确保民族文化传承后继有人。众所周知,传承人是文化传承的主体,例如我国非物质文化遗产保护的重点之一是传承人,通过传承人的传授、习得、接受、掌握某项遗产的技术、技能,并有可能成为新的传承骨干,亦称作继承人或接班人,也可以统称为传习人,而今天的传习人,有可能成为明天的传承人[③]。在建立贵州民族文化传承链机制过程中,我们不仅要关注和保护民族文化主体——传承人,同时还要配备相应的激励机制和保障机制,尽可能以法律法规

---

① 周玲、谢安邦:《社会批判:大学与知识分子的历史使命与学术责任》,《现代大学教育》2006年第2期,第1—5页。
② 中国社会科学院语言研究所词典编辑室编:《现代汉语词典》,北京:商务印书馆2002年版,第582页。
③ 祁庆富:《论非物质文化遗产保护中的传承及传承人》,《西北民族研究》2006年第3期,第114—123页。

的形式加以保障。除此之外,在推动贵州民族文化保护行动过程中,还应该强化民族文化适应机制、选择机制、采借机制、参与机制,并扩大民族文化传承场,例如家庭、学校、文化活动场所、文化市场等①。另外,除了建立传承人传承链机制以外,还要强化专业人才传承链机制建设。从某种意义上来讲,专业人才是传承链机制体系中不可或缺的一个重要组成部分。

"抢救、整理民族传统文化资料,应由专业人士来从事,这样才能真正实现目标。而在保护民族传统文化的行动中,应注意与可持续发展结合,以达成在低成本的状态下,既保护民族传统文化,又使该族群有所发展的最佳效果"②。在构筑民族文化传承链体系的过程中,除了建立传承人传承链机制和专业人才传承链机制以外,民族文化开发也是不可忽视的文化遗产保护措施。只有科学地处理文化遗产利用与保护之间的关系,保持遗产的真实性和完整性,才能够使遗产资源世代传承、永续利用,这无疑是实现当代人与子孙后代平等地享有遗产价值原貌知情权的唯一正确选择③。"保护的目的是为了更大的创新,带来更多的发展机遇。而寻求知识产权的保护,既能将民族民间优秀的文化资源公之于世,又能真正从法律的角度获得保护,让文化资源得以可持续发展,使文化资源能为文化产业的发展提供更多的内容"④。因此,建立和完善民族文化开发机制对于民族文化传承和发展至关重要。民族文化只有融入人们的现实生活,并满足人们现实需

---

① 晏鲤波:《少数民族文化传承综论》,《思想战线》2007年第3期,第42—47页。
② 石奕龙:《浅谈民族传统文化保护的若干问题》,《中央民族大学学报(哲学社会科学版)》2005年第1期,第99—104页。
③ 张成渝、谢凝高:《"真实性和完整性"原则与世界遗产保护》,《北京大学学报(哲学社会科学版)》2003年第3期,第62—68页。
④ 黄晓:《产业化视角下的贵州民族民间文化资源保护》,《贵州社会科学》2006年第2期,第51—53页。

求才能更具活力和生命力。

在开发民族文化遗产的过程中,"既要善于克服传统因素对现代化运动的阻力,也要善于使传统文明转换成现代文明"①。例如优秀的传统民族节日文化,应当"顺应文化记忆的逻辑以及文化美学、社会教育学与旅游文化等多方面的社会要求,在保护节日遗产的同时,有必要对其进行适当的改良与创新"②。当前,文化保护普遍"从应急的抢救性发掘转向文化资源的有序管理,这是世界各国文物保护的发展趋势,也是解决保护与发展问题的一种有效措施"③。实施保护性开发是当前民族文化保护的一种有效路径。从某种意义上来讲,"保护性开发是在不破坏原有古迹和历史文化环境的基础上的合理开发。合理开发路径不仅能以文物养文物,而且能获得较好的经济效益和社会效益"④。开发机制的建立和完善是实施民族文化开发高效化的保障基础。

---

① 何星亮:《非物质文化遗产的保护与民族文化现代化》,《中南民族大学学报(人文社会科学版)》2005年第3期,第31—36页。

② 王霄冰:《文化记忆、传统创新与节日遗产保护》,《中国人民大学学报》2007年第1期,第41—48页。

③ 陈淳、顾伊:《文化遗产保护的国际视野》,《复旦学报(社会科学版)》2003年第4期,第122—129页。

④ 刘沛林:《论"中国历史文化名村"保护制度的建立》,《北京大学学报(哲学社会科学版)》1998年第1期,第81—88页。

参考文献

- 图书
- 期刊
- 报纸

桐梓驿[1]

[清]李 晋

邮亭斜对夜郎城,

寂寞空山冷旆旌。

一径羊肠缘箐足,

几棚马嗷合溪声。

啼猿月下陈歌吹,

怪石峰头学送迎。

幸有青莲诗碣在,

藤花遥映草风清。

---

[1] 冉砚农主编:《我爱贵州诗词选》,贵阳:贵州人民出版社2003年版,第429页。

一、图书

1. [东汉]班固著,赵一生点校:《汉书》,杭州:浙江古籍出版社,2000年版。
2. [明]邝露著,蓝鸿恩考释:《赤雅考释》,南宁:广西民族出版社,1995年版。
3. [明]张岱:《夜航船》,成都:巴蜀书社,1998年版。
4. [清]阿桂等撰,孙文良,陆玉华点校:《满洲源流考·满洲历史》,北京:中国国际广播出版社,2016年版。
5. [清]魏源:《魏源全集·皇朝经世文编·兵政》(卷86),长沙:岳麓书社,2004年版。
6. [宋]欧阳修,宋祁撰:《新唐书》,北京:中华书局,1975年版。
7. [西汉]司马迁:《史记全本》(下),沈阳:万卷出版公司,2016年版。
8. 《贵州省林业区划》编写组编:《贵州省林业区划》,贵阳:贵州人民出版社,1990年版。
9. 《马克思恩格斯全集》(第1卷),北京:人民出版社,1965年版。
10. [德]恩斯特·卡西尔著,甘阳,译:《人论》,上海:上海译文出版社,1985年版。
11. [德]马丁·海德格尔著,陈嘉映等,译:《存在与时间》,北京:生活·读书·新知三联出版社,2012年版。
12. [法]阿兰·图海纳著,狄玉明等,译:《我们能否共同存在?——既彼此平等又相互差异》,北京:商务印书馆,2003年版。
13. [法]埃米尔·涂尔干著,渠东,译:《社会分工论》,北京:生活·

读书·新知三联书店,2000年版。
14. [法]卢梭,何兆武,译:《社会契约论》,北京:商务印书馆,1980年版。
15. [美]R. M. 基辛著,甘华鸣、陈芳、甘黎明,译:《文化·社会·个人》,沈阳:辽宁人民出版社,1988年版。
16. [美]克利福德·格尔兹著,纳日碧力戈等,译:《文化的解释》,上海:上海人民出版社,1999年版。
17. [美]威廉.A.哈维兰著,瞿铁鹏等译:《文化人类学》,上海:上海社会科学院出版社,2009年版。
18. [英]爱德华·泰勒著,蔡江浓编译:《原始文化》,杭州:浙江人民出版社,1988年版。
19. [英]雷蒙德·弗思著,费孝通译:《文化类型》,北京:华夏出版社,2001年版。
20. [英]马林诺夫斯基著,费孝通译:《文化论》,北京:中国民间文艺出版社,1987年版。
21. 鲍宇:《整合与重构:全球化视阈下的中国文化重构》,北京:原子能出版社,2007年版。
22. 辞海编辑委员会:《辞海》,上海:上海辞书出版社,1999年版。
23. 陈建庚编著:《贵州地理环境与资源开发》,贵阳:贵州教育出版社,1994年版。
24. 陈庆德:《经济人类学》,北京:人民出版社,2001年版。
25. 陈天俊等:《仡佬族文化研究》,贵阳:贵州人民出版社,1999年版。
26. 费孝通等:《贵州苗族调查资料》,贵阳:贵州大学出版社,2009年版。
27. 冯天瑜:《中国文化生成史》,武汉:武汉大学出版社,2013年版。
28. 贵州省地方志编纂委员会编:《贵州省志·地理志》,贵阳:贵州人民出版社,1988年版。

29. 贵州省地方志编纂委员会编:《贵州省志·政府志》,贵阳:贵州人民出版社,2014年版。

30. 贵州省科技教育领导小组办公室、贵州省民族事务委员会编:《贵州世居少数民族服饰经典》,贵阳:贵州民族出版社,2013年版。

31. 贵州省科技教育领导小组办公室、贵州省民族事务委员会编:《贵州世居少数民族文化名片》,贵阳:贵州民族出版社,2013年版。

32. 贵州省民族事务委员会编:《土家族文化大观》,贵阳:贵州民族出版社,2014年版。

33. 贵州省民族研究所编:《明实录》(贵州资料辑录),贵阳:贵州人民出版社,1983年版。

34. 贵州省民族宗教事务委员会、贵州省科技教育领导小组办公室编:《贵州世居少数民族文化史》(卷4),贵阳:贵州民族出版社,2018年版。

35. 贵州省文史研究馆编:《贵州通志·土司·土民志》,贵阳:贵州人民出版社,2008年版。

36. 贵州省文史研究馆古籍整理委员会编:《贵州通志·万年历》,贵阳:贵州大学出版社,2010年版。

37. 贵州师范大学地理系编:《贵州省地理》,贵阳:贵州人民出版社,1990年版。

38. 侯绍庄、史继忠、翁家烈:《贵州古代民族关系史》,贵阳:贵州民族出版社,1991年版。

39. 回建:《中国散居回族经济发展研究》,北京:中国经济出版社,2009年版。

40. 亢羽:《中华建筑之魂:易学堪舆与建筑》,北京:中国书店,1999年版。

41. 李文华:《生态农业——中国可持续农业的理论与实践》,北京:

化学工业出版社,2003 年版。

42. 李先逵:《干栏式苗居建筑》,北京:中国建筑工业出版社,2005 年版。

43. 林耀华:《义序的宗族研究》,北京:生活·读书·新知三联书店,2006 年版。

44. 林耀华:《民族学通论》(修订版),北京:中央民族大学出版社,1997 年版。

45. 刘锡蕃:《岭表纪蛮》,上海:上海书店出版社,1991 年版。

46. 路义旭、罗树新编著,杨宏峰主编:《中国仫佬族》,银川:宁夏人民出版社,2012 年版。

47. 吕思勉:《中国制度史》,上海:上海教育出版社,1985 年版。

48. 马戎:《民族与社会发展》,北京:民族出版社,2001 年版。

49. 梅军、包龙源:《共生理论视野下苗族传统生态消费文化研究》,北京:社会科学文献出版社,2019 年版。

50. 纳光舜等:《贵州回族建筑艺术研究》,贵阳:贵州民族出版社,2016 年版。

51. 聂洪峰等:《贵州省国土资源遥感综合调查》,北京:地质出版社,2007 年版。

52. 潘朝霖主编:《中国水族文化研究》,贵阳:贵州人民出版社,2004 年版。

53. 普忠良编著:《中国彝族》,银川:宁夏人民出版社,2013 年版。

54. 任骋:《中国民间禁忌》,北京:中国社会科学出版社,2004 年版。

55. 石朝江、石莉:《战争与苗族》,北京:光明日报出版社,2010 年版。

56. 石朝江、石莉:《中国苗族哲学社会思想史》,贵阳:贵州人民出版社,2005 年版。

57. 史继忠等:《贵州文化》,呼和浩特:内蒙古教育出版社,2006 年版。

58. 覃国生、梁庭望、韦星朗：《壮族》，北京：民族出版社，1984年版。
59. 唐代兴：《生态理性哲学导论》，北京：北京大学出版社，2005年版。
60. 王洪叶编著：《贵州红色文化资源与地域发展研究》，成都：西南交通大学出版社，2015年版。
61. 王铭铭：《乡土社会的秩序：公正与权威》，北京：中国政法大学出版社，1997年版。
62. 韦森：《文化与制序》，上海：上海人民出版社，2003年版。
63. 韦学纯编著，杨宏峰主编：《中华民族全书·中国水族》，银川：宁夏人民出版社，2012年版。
64. 翁家烈：《仡佬族》，北京：民族出版社，1992年版。
65. 向柏松：《中国水崇拜》，上海：上海三联书店，1999年版。
66. 许倬云：《许倬云说历史·中西文明的对照》，杭州：浙江人民出版社，2013年版。
67. 杨晓英等编著：《贵州自然条件与农业可持续发展》，贵阳：贵州科技出版社，2002年版。
68. 杨筑慧编著，杨宏峰主编：《中华民族全书·中国侗族》，银川：宁夏人民出版社，2012年版。
69. 印开蒲、鄢和琳：《生态旅游与可持续发展》，成都：四川大学出版社，2003年版。
70. 于希谦：《中国南方鼓文化与地域社区生活》，昆明：云南民族出版社，1995年版。
71. 余怀彦主编：《王阳明与贵州文化》，贵阳：贵州教育出版社，1996年版。
72. 张国云：《贵州侗族服饰文化与工艺》，苏州：苏州大学出版社，2011年版。
73. 张曦、黄成龙编著：《中华民族全书·中国羌族》，银川：宁夏人民出版社,2012 年版。

74. 赵卫峰:《贵州白族史略》,银川:宁夏人民出版社,2011 年版。

75. 赵旭东:《权力与公正——乡土社会的纠纷解决与权威多元》,天津:天津古籍出版社,2003 年版。

76. 赵旭东:《文化的表达:人类学的视野》,北京:中国人民大学出版社,2009 年版。

77. 赵宗乙译注:《淮南子译注》(下),哈尔滨:黑龙江人民出版社,2003 年版。

78. 中国大百科全书总编辑委员会、《民族》编辑委员会、中国大百科全书出版社编辑部:《中国大百科全书·民族》,北京:中国大百科全书出版社,1986 年版。

79. 中国社会科学院语言研究所词典编辑室编:《现代汉语词典》,北京:商务印书馆,2002 年版。

80. 中国自然资源丛书编撰委员会编:《中国自然资源丛书·贵州卷》,北京:中国环境科学出版社,1995 年版。

81. 庄孔韶:《人类学概论》,北京:中国人民大学出版社,2006 年版。

二、期刊

1. 柏贵喜:《当代土家族婚姻的变迁》,《贵州民族研究》2005 年第 2 期。

2. 包龙源:《"国家在场"与"侗族大歌身份"重构及符号特征》,《青海民族大学学报(社会科学版)》2015 年第 3 期。

3. 保健行:《回族是何时迁入贵州的》,《贵州文史丛刊》1982 年第 1 期。

4. 毕文波:《当代中国新文化基因若干问题思考提纲》,《南京政治学院学报》2001 年第 2 期。

5. 邴正:《论人与文化的二重性矛盾》,《社会科学战线》2003 年第

2 期。

6. 陈淳、顾伊:《文化遗产保护的国际视野》,《复旦学报(社会科学版)》2003 年第 4 期。

7. 陈国权,周鲁耀:《制约与监督:两种不同的权力逻辑》,《浙江大学学报(人文社会科学版)》2013 年第 11 期。

8. 陈丽琴:《壮族服饰的演变及缘由探论》,《社会科学战线》2008 年第 3 期。

9. 陈莉:《非物质文化遗产的保护与开发利用》,《贵州民族研究》2007 年第 2 期。

10. 陈茂林、严启刚:《回归自然,诗意生存——论生态批评的内涵构建》,《上海财经大学学报》2005 年第 6 期。

11. 陈则孚:《论知识资本的运行与发展》,《中共中央党校学报》2000 年第 3 期。

12. 池家晗:《黔西南布依族服饰制作工艺分析》,《兴义民族师范学院学报》2018 年第 4 期。

13. 崔新建:《文化认同及其根源》,《北京师范大学学报(社会科学版)》2004 年第 4 期。

14. 龚刚、杨光:《从功能性收入看中国收入分配的不平等》,《中国社会科学》2010 年第 2 期。

15. 丁耘:《启蒙视阈下中西"理性"观之考察》,《中国社会科学》2014 年第 2 期。

16. 段绪柱:《乡村治理中的国家法与民间法》,《黑龙江社会科学》2012 年第 2 期。

17. 都阳、蔡昉:《中国农村贫困性质的变化与扶贫战略调整》,《中国农村观察》2005 年第 5 期。

18. 费孝通:《反思·对话·文化自觉》,《北京大学学报(哲学社会科学版)》1997 年第 3 期。

19. 费孝通：《关于我国民族的识别问题》，《中国社会科学》1980 年第 1 期。

20. 费孝通：《中华民族的多元一体格局》，《北京大学学报（哲学社会科学版）》1989 年第 4 期。

21. 高波、张志鹏：《文化资本：经济增长源泉的一种解释》，《南京大学学报（哲学·人文科学·社会科学版）》2004 年第 5 期。

22. 耿识博：《习近平"文化基因"论的内涵探析》，《中共中央党校学报》2016 年第 3 期。

23. 龚敏：《贵州侗族建筑艺术初探》，《贵州民族学院学报》2012 年第 1 期。

24. 古治康：《论汉族移民在贵州开发中的作用》，《贵州民族研究》1994 年第 1 期。

25. 韩鹏云：《乡村治理现代化的实践检视与理论反思》，《西北农林科技大学学报（社会科学版）》2020 年第 1 期。

26. 郝时远：《社会主义和谐社会的重要观念：尊重差异、包容多样》，《民族研究》2007 年第 1 期。

27. 何立高：《从贵州土家族葬仪看土家先民的生活》，《三峡论坛》2018 年第 6 期。

28. 何星亮：《对传统与现代及其相互间关系的阐释》，《中央民族大学学报（哲学社会科学版）》2003 年第 4 期。

29. 何星亮：《非物质文化遗产的保护与民族文化现代化》，《中南民族大学学报（人文社会科学版）》2005 年第 3 期。

30. 贺雪峰：《论村治的模式》，《江西师范大学学报》2005 年第 2 期。

31. 贺雪峰、董磊明：《中国乡村治理：结构与类型》，《经济社会体制与比较》2005 年第 3 期。

32. 胡鞍钢、胡琳琳、常志霄：《中国经济增长与减少贫困（1978—2004）》，《清华大学学报（哲学社会科学版）》2006 年第 5 期。

33. 胡全柱：《文化自觉视角下乡村公共空间探析》，《河南大学学报（社会科学版）》2016年第1期。

34. 胡显章：《全球化背景下的文化多样性与文化自觉》，《清华大学学报（哲学社会科学版）》2007年第3期。

35. 黄海：《贵州瑶族的铜鼓文化》，《贵州民族研究》1988年第4期。

36. 黄晓：《产业化视角下的贵州民族民间文化资源保护》，《贵州社会科学》2006年第2期。

37. 焦君红、孙万国：《从"经济人"走向"生态理性经济人"》，《理论探索》2007年第6期。

38. 孔亭：《中华民族共同体的历史生成及其文化基因》，《新疆大学学报（哲学·人文社会科学版）》2022年第3期。

39. 李怀：《公共权力腐败行为的经济学分析及其政策导向》，《经济学研究》1996年第9期。

40. 李金齐：《共在：人与文化的本质性关联——个文化安全研究的文化哲学视角》，《重庆社会科学》2010年第8期。

41. 李利宏、杨素珍：《乡村治理现代化视阈中传统治理资源重构研究》，《中国行政管理》2016年第8期。

42. 李彦群、任绍斌、耿虹：《"文化基因遗传"视角下民族文化遗产整体性保护》，《城市发展研究》2021年第2期。

43. 李烨、刘祖云：《纪律、契约与礼俗：论过渡型社区三元治理规则——基于江苏省J市拆迁安置社区的田野调查》，《中国农村观察》2019年第4期。

44. 李永萍：《论乡村建设的主体、路径与方向——基于湖北省官桥村老年人协会的分析》，《中国农村观察》2019年第4期。

45. 李宇：《黔东南苗族"鼓藏节"中的象征符号意义》，《赤峰学院学报（汉文哲学社会科学版）》2012年第5期。

46. 李知仁：《关于贵州满族研究的几个问题》，《贵州民族研究》1989

年第 4 期。

47. 李宗桂：《文化自觉与文化发展》，《中山大学学报（社会科学版）》2004 年第 4 期。

48. 梁增贤、保继刚：《文化转型对地方意义流变的影响——以深圳华侨城空间文化生产为例》，《地理科学》2015 年第 5 期。

49. 刘昂：《乡村治理制度的伦理思考——基于江苏省徐州市 JN 村的田野调查》，《中国农村观察》2018 年第 3 期。

50. 刘从德、王晓：《习近平新型国际关系思想中的中华优秀传统文化基因》，《社会主义研究》2017 年第 3 期。

51. 刘丹：《农村社会生态理性的社会学研究》，《辽宁大学学报》2010 年第 11 期。

52. 刘锋、吴小花：《苗族婚姻制度变迁六十年——以贵州省施秉县夯巴寨为例》，《民族研究》2009 年第 2 期。

53. 刘俊：《贵州苗族刺绣在现代服装设计中的创新运用》，《中国艺术家》2019 年第 3 期。

54. 刘沛林：《论"中国历史文化名村"保护制度的建立》，《北京大学学报（哲学社会科学版）》1998 年第 1 期。

55. 刘志军：《非物质文化遗产保护的人类学透视》，《浙江大学学报（人文社会科学版）》2009 年第 5 期。

56. 龙耀宏：《侗族源于"干越"考》，《贵州民族研究》1987 年第 4 期。

57. 路淑英：《社会科学工作者的社会责任——费希特〈论学者的使命〉的启示》，《湖南社会科学》2013 年第 2 期。

58. 罗康隆：《明清两代贵州汉族移民特色的对比研究》，《贵州社会科学》1993 年第 3 期。

59. 麻国庆：《记忆的多层性与中华民族共同体认同》，《民族研究》2017 年第 6 期。

60. 马良灿、刘蛎：《文化变迁视野下贵州回族的通婚及其礼仪规则探析》,《贵州大学学报(社会科学版)》2014年第4期。

61. 孟学华、刘世彬:《贵州毛南族(佯僙人)族源考》,《凯里学院学报》2012年第2期。

62. 孟学华:《田野调查实录系列——贵州毛南族服饰文化》,《黔南民族师范学院学报》2015年第5期。

63. 娜拉:《"各民族共创中华":中华民族共同体历史认同基础》,《北方民族大学学报(哲学社会科学版)》2017年第5期。

64. 祁庆富:《论非物质文化遗产保护中的传承及传承人》,《西北民族研究》2006年第3期。

65. 青觉:《以文化认同巩固发展中华民族大团结》,《红旗文稿》2022年第7期。

66. 邱柏生:《论文化自觉、文化自信需要对待的若干问题》,《思想理论教育》2012年第1期。

67. 阮仪三、林林:《文化遗产保护的原真性原则》,《同济大学学报(社会科学版)》2003年第2期。

68. 沈桂萍:《培育中华民族共同体意识构建国家认同的文化纽带》,《西北民族大学学报(哲学社会科学版)》2015年第3期。

69. 石景斌:《壮族服饰介绍》,《中南民族学院学报》1990年第1期。

70. 石开忠:《侗族风雨桥成因的人类学探析》,《贵州民族学院学报(哲学社会科学版)》2010年第4期。

71. 石开忠:《试论侗族的来源和形成》,《贵州民族研究》1993年第2期。

72. 石奕龙:《浅谈民族传统文化保护的若干问题》,《中央民族大学学报(哲学社会科学版)》2005年第1期。

73. 史策:《论壮族族源问题》,《学术论坛》1978年第1期。

74. 史继忠:《贵州汉族移民考》,《贵州文史丛刊》1990年第1期。

75. 史继忠:《贵州行政建置的演变与中国多民族国家的形成》,《贵州民族大学学报(哲学社会科学版)》2018 年第 1 期。

76. 史继忠:《贵州行政建置的演变与中国多民族国家的形成》,《贵州民族大学学报(哲学社会科学版)》2018 年第 1 期。

77. 宋荣凯等:《田野调查实录系列——贵州瑶族村落文化》,《黔南民族师范学院学报》2014 年第 2 期。

78. 沈江平:《中国式现代化道路文化基因阐析》,《东南学术》2022 年第 3 期。

79. 孙立平:《从社会化看我国民族性格的形成》,《社会科学战线》1988 年第 1 期。

80. 覃会优:《田野调查实录系列——贵州瑶族服饰文化》,《黔南民族师范学院学报》2015 年第 2 期。

81. 汤宗悟:《考古发现与侗族族源》,《贵州民族研究》1982 年第 1 期。

82. 唐皇凤:《制衡资本权力——转型中国确保制度正义的关键》,《公共管理学报》2008 年第 3 期。

83. 唐绍欣、刘文:《西方知识资本理论述评》,《经济科学》1992 年第 2 期。

84. 汪三贵、郭子豪:《论中国的精准扶贫》,《贵州社会科学》2015 年第 5 期。

85. 王春业:《论地方行政权力清单制度及其法制化》,《政法论丛》2014 年第 6 期。

86. 王东:《中华文明的五次辉煌与文化基因中的五大核心理念》,《河北学刊》2003 年第 5 期。

87. 王露璐:《伦理视角下中国乡村社会变迁中的"礼"与"法"》,《中国社会科学》2015 年第 7 期。

88. 王若宇、冯颜利:《从经济理性到生态理性:生态文明建设的理念创新》,《自然辩证法研究》2011 年第 7 期。

89. 王思斌:《改革中弱势群体的政策支持》,《北京大学学报(哲学社会科学版)》2003年第6期。

90. 王书万：《贵州民间刺绣绘画艺术试述》，《贵州民族研究》1998年第2期。

91. 王伟光：《论人的需要和需要范畴》，《北京社会科学》1999年第2期。

92. 王娴：《贵州畲族服饰文化内涵探析》，《理论与当代》2014年第9期。

93. 王娴：《浅议布依族民居建筑类型与构成要素——以贵州为例》，《史志学刊》2014年第3期。

94. 王霄冰：《文化记忆、传统创新与节日遗产保护》，《中国人民大学学报》2007年第1期。

95. 王星虎：《贵州畲族的渊源、迁徙与分布关系考》，《三峡论坛》2016年第1期。

96. 王云才、史欣：《传统地域文化景观空间特征及形成机理》，《同济大学学报(社会科学版)》2010年第1期。

97. 翁家烈：《屯堡文化研究》，《贵州民族研究》2001年第4期。

98. 翁家烈：《明代贵州民族关系述略》，《贵州民族研究》2004年第3期。

99. 吴楚材、吴章文等：《生态旅游概念的研究》，《旅游学刊》2007年第1期。

100. 吴秋林：《文化基因新论：文化人类学的一种可能表达路径》，《民族研究》2013年第6期。

101. 吴燕、周大坤、冯霞：《贵州瑶族传统体育文化内涵的研究》，《贵州民族研究》2015年第5期。

102. 肖焰恒、陈艳：《生态工业理论及其模式实现途径探讨》，《中国人口·资源与环境》2001年第3期。

103. 肖滨、方木欢：《寻求村民自治中的"三元统一"——基于广东省村民自治新形式的分析》,《政治学研究》2016 年第 3 期。

104. 肖唐镖:《当前中国农村宗族及其与乡村治理的关系——对新近研究的评论和分析》,《文史哲》2006 年第 4 期。

105. 徐勇:《由能人到法治:中国农村基层治理模式的转换》,《华中师范大学学报》1996 年第 4 期。

106. 晏鲤波:《少数民族文化传承综论》,《思想战线》2007 年第 3 期。

107. 杨晓辉:《贵州少数民族民间蜡染与刺绣》,《美术》2014 年第 6 期。

108. 杨正文:《鼓藏节仪式与苗族社会组织》,《西南民族学院学报(哲学社会科学版)》2000 年第 5 期。

109. 姚文帅:《文化基因:国家认同价值生成的逻辑》,《学术界》2016 年第 9 期。

110. 於贤德:《中国古代生态文化的思想源流》,《嘉兴高等专科学校学报》2000 年第 1 期。

111. 余宏模:《试论清代雍正时期贵州的改土归流》,《贵州民族研究》1997 年第 2 期。

112. 张成渝、谢凝高:《"真实性和完整性"原则与世界遗产保护》,《北京大学学报(哲学社会科学版)》2003 年第 3 期。

113. 张明:《梵净山佛教源流考》,《佛学研究》2005 年第 1 期。

114. 张莎莎:《贵州少数民族刺绣文化产业的开发》,《贵州民族研究》2012 年第 2 期。

115. 张勋等:《贵州毛南族体质人类学研究》,《黔南民族医专学报》1997 年第 4 期。

116. 赵传海:《中华优质文化基因在中国特色社会主义理论体系中的地位》,《学习论坛》2011 年第 4 期。

117. 赵传海:《论文化基因及其社会功能》,《河南社会科学》2008 年第 2 期。

118. 赵家宝：《我国转轨期政治结构中的权力资本化路径》，《学术探索》2005 年第 5 期。

119. 赵静：《中华文化基因的特点探析》，《文化软实力》2017 年第 4 期。

120. 赵荣、张宏莉：《"民族性格"及其特点的辩证解析》，《黑龙江民族丛刊》2010 年第 2 期。

121. 赵旭东：《人类学与文化转型——对分离技术的逃避与"在一起"哲学的回归》，《广西民族大学学报（哲学社会科学版）》2014 年第 2 期。

122. 赵玉娇：《身份的建构——对贵州白族身份认同的研究》，《贵州大学学报（社会科学版）》2013 年第 4 期。

123. 曾祥慧、周真刚：《贵州畲族村落的类型与管理研究》，《贵州民族研究》2017 年第 12 期。

124. 郑文宝：《乡村治理的理论逻辑及路向分析——一种宏观视角的审视与判断》，《云南民族大学学报（哲学社会科学版）》2020 年第 2 期。

125. 郑湘萍：《从经济理性走向生态理性——高兹的经济理性批判理论述评》，《理论导刊》2012 年第 11 期。

126. 钟世梅：《贵州苗族刺绣中常见动物纹样浅析》，《中国民族博览》2020 年第 18 期。

127. 周国茂：《布依族服饰》，《艺文论丛》1996 年第 4 期。

128. 周玲、谢安邦：《社会批判：大学与知识分子的历史使命与学术责任》，《现代大学教育》2006 年第 2 期。

129. 周真刚：《贵州白族服饰演变初探》，《贵州民族研究》2010 年第 5 期。

130. 朱碧波：《论中华民族共同体的多维建构》，《青海民族大学学报（社会科学版）》2016 年第 1 期。

131. 邹平林、杜早华：《论传统与现代文明的"异质落差式互动"——兼论"断裂"概念的局限》，《成都理工大学学报（社会科学版）》2010年第4期。

三、报纸

1. 《把中国文明历史研究引向深入推动增强历史自觉坚定文化自信》，《人民日报》，2022年5月29日。
2. 《以铸牢中华民族共同体意识为主线推动新时代党的民族工作高质量发展》，《人民日报》，2021年8月29日。
3. 崔延强、郭平：《当代学者的社会责任》，《光明日报》，2012年8月30日。
4. 郝迎灿：《侗族大歌，谁在唱谁在听》，《人民日报》，2013年12月17日。
5. 刘永福：《以精准发力提高脱贫攻坚成效》，《人民日报》，2016年1月11日。
6. 潘定发：《鼓藏节释义》，《中国民族报》，2011年5月7日。
7. 《决胜全面建成小康社会夺取新时代中国特色社会主义伟大胜利》，《人民日报》，2017年10月28日。
8. 《在哲学社会科学工作座谈会上的讲话》，《人民日报》，2016年5月19日。
9. 《在知识分子、劳动模范、青年代表座谈会上的讲话》，《人民日报》，2016年4月30日。
10. 《在纪念孔子诞辰2565周年国际学术研讨会暨国际儒学联合会第五届会员大会开幕会上的讲话》，《人民日报》，2014年9月25日。
11. 《青年要自觉践行社会主义核心价值观》，《人民日报》，2014年5月5日。
12. 《关于加强和改进乡村治理的指导意见》，《人民日报海外版》，2019

年6月24日。

13. 《乡村振兴战略规划(2018—2022年)》,《人民日报》,2018年9月27日。

14. 《中共中央国务院关于实施乡村振兴战略的意见》,《人民日报》,2018年2月5日。

附录

"贵州民族文化与社会发展研究"已有研究成果文献目录梳理

✧ 本书作者

✧ 其他学者

黄果树瀑布[1]

[民国] 王敬彝

雷走河声壮,

悬岩跌断流。

深潭寒泻碧,

雪练古澄秋。

地险野鸢避,

山空鸣猿愁。

苍苍盘郁处,

瀑布白云浮。

---

[1] 冉砚农主编:《我爱贵州诗词选》,贵阳:贵州人民出版社2003年版,第467页。

一、本书作者

1. 图书

［1］梅军,李宁阳.彝族传统治理资源的创新利用［M］.北京：社会科学文献出版社,2024.06.

［2］梅军,包龙源.共生理论视角下苗族传统生态消费文化研究［M］.社会科学文献出版社,2019.06.

［3］梅军,吴秋林.贵州多元宗教研究［M］.成都：电子科技大学出版社,2011.07.

2. 期刊论文

［1］包龙源.共同体视阈下中华文化基因解码与保护传承研究——基于贵州民族刺绣文化考察［J］.贵州民族大学学报（哲学社会科学版）,2022,(04)：20－40.

［2］梅军,李宁阳.乡村传统治理资源的整合重构与乡村善治——基于贵州两个彝族村寨的考察［J］.地方治理研究,2020,(03)：48－66＋80.

［3］梅军,包龙源."现代性介入"下的苗族婚姻习俗嬗变及重构——以 GPC 苗寨作为解析个案［J］.铜仁学院学报,2016,18(02)：70－75.

［4］包龙源.苗族"鼓藏节"文化内涵及其传承保护路径——以贵州省榕江县高排村为例［J］.河西学院学报,2016,32(01)：57－62.

［5］梅军.梵净山生态文化资源开发刍议［J］.河西学院学报,2016,32(01)：52－56.

［6］梅军,包龙源,赵巧艳."新常态"视阈下传统民族聚落社会重构的

三重维度关照[J].广西社会科学,2015,(12):156-160.
[7] 包龙源."国家在场"与"侗族大歌身份"重构及符号特征[J].青海民族大学学报(社会科学版),2015,41(03):144-147.
[8] 梅军.苗族禁忌习俗中的生态功能浅析[J].贵州民族大学学报(哲学社会科学版),2012,(05):21-24.
[9] 梅军,肖金香.黔东南苗族传统民居建筑中的生态观[J].安徽农业科学,2010,38(09):4886-4887.
[10] 梅军.略述黔东南苗族传统农林生产中的生态智慧[J].贵州民族研究,2009,29(01):120-124.

二、其他学者
1. 图书

[1] 贵州省社会科学院历史研究所编.贵州风物志[M].贵阳:贵州人民出版社,1985.05.
[2] 贵州省地方志编纂委员会编.贵州省志·名胜志[M].贵阳:贵州人民出版社,1987.12.
[3] 贵州省文管会办公室等.贵州节日文化[M].北京:中央民族学院出版社,1988.08.
[4] 王培志等主编.贵州经济社会发展概要[M].北京:中国计划出版社,1989.09.
[5] 史继忠著.贵州民族地区开发史专论[M].昆明:云南大学出版社,1992.10.
[6] 李振纲,史继忠,范同寿主编.贵州六百年经济史[M].贵阳:贵州人民出版社,1998.12.
[7] 史继忠著.贵州文化解读[M].贵阳:贵州教育出版社,2000.12.
[8] 李黔滨,杨庭硕,唐文元著.贵州民族民俗概览[M].贵阳:贵州人民出版社,2006.10.

［9］史继忠著.贵州文化[M].呼和浩特：内蒙古教育出版社,2006.12.

［10］曹端波著.民族文化与社会发展——贵州少数民族考察手记[M].贵阳：贵州大学出版社,2007.08.

［11］沈红著.结构与主体：激荡的文化社区石门坎[M].北京：社会科学文献出版社,2007.09.

［12］麻勇斌著.贵州文化遗产保护研究[M].贵阳：贵州人民出版社,2008.04.

［13］贵州省文化艺术研究所编.贵州艺术研究[M].贵阳：贵州教育出版社,2008.12.

［14］杨昌儒,陈玉平编.贵州世居民族节日民俗研究[M].北京：民族出版社,2009.07.

［15］吴正光著.贵州民族文化遗产研究：沃野耕耘[M].北京：学苑出版社,2009.09.

［16］申茂平等著.贵州非物质文化遗产研究[M].北京：知识产权出版社,2009.09.

［17］贵州省文物局,贵州省文物博物馆学会编.文博与发展：贵州文化遗产保护文集[M].贵阳：贵州科技出版社,2010.04.

［18］杨昌儒,孙兆霞,金燕著.贵州民族关系的构建[M].贵阳：贵州人民出版社,2010.07.

［19］王国勇,谢治菊著.改革开放三十年来贵州政府创新的理论与实践[M].北京：民族出版社,2010.10.

［20］陈玉平,龚德全编著.贵州民族研究六十年[M].成都：电子科技大学出版社,2011.07.

［21］张学立,王素君,杨岗营等著.问题与对策——毕节试验区新一轮改革发展研究[M].贵阳：贵州人民出版社,2013.05.

［22］高勇著.贵州世居少数民族族源及其民俗文化符号[M].贵阳：贵州人民出版社,2014.02.

[23] 马骏琪等著.贵州文化六百年[M].贵阳：贵州人民出版社，2014.06.

[24] 贵州民族宗教事务委员会,贵州省科技教育领导小组办公室编.贵州世居少数民族传统节庆文化[M].贵阳：贵州民族出版社，2015.06.

[25] 农成文.600年贵州（上下册）[M].贵阳：贵州科技出版社，2015.06.

[26] 马晴,纳光舜.贵州回族历史与文化[M].贵阳：贵州人民出版社，2015.11.

[27] 宋戈著.媒介与乡村社会的文化变迁以贵州黔东南施洞镇苗族社区为个案[M].北京：中国传媒大学出版社，2017.01.

[28] 王旭编著.贵州省非物质文化遗产集萃[M].贵阳：贵州人民出版社，2017.03.

[29] 贵州民族宗教事务委员会,贵州省科技教育领导小组办公室编.贵州世居少数民族文化史（卷三）[M].贵阳：贵州民族出版社，2017.10.

[30] 贵州民族宗教事务委员会,贵州省科技教育领导小组办公室编.贵州世居少数民族文化史（卷二）[M].贵阳：贵州民族出版社，2017.10.

[31] 贵州民族宗教事务委员会,贵州省科技教育领导小组办公室编.贵州世居少数民族文化史（卷一）[M].贵阳：贵州民族出版社，2017.10.

[32] 贵州民族宗教事务委员会,贵州省科技教育领导小组办公室编.贵州世居少数民族哲学思想史(上下)[M].贵阳：贵州民族出版社，2017.10.

[33] 钱星著.贵州蒙古族文化变迁[M].贵阳：贵州民族出版社，2017.10.

[34] 何善蒙主编.贵州台江苗族文化调查研究[M].北京：九州出版社,2017.12.

[35] 贵州民族宗教事务委员会,贵州省科技教育领导小组办公室编.贵州世居少数民族文化史（卷四）[M].贵阳：贵州民族出版社,2018.04.

[36] 何善蒙主编.贵州毕节彝族文化调查研究[M].北京：九州出版社,2018.06.

[37] 贵州省文物局,贵州省文物博物馆学会编.文博与发展：贵州优秀传统文化传承发展文集[M].贵阳：贵州科技出版社,2018.09.

[38] 何善蒙主编.贵州黔东南侗族文化调查研究[M].北京：九州出版社,2018.11.

[39] 陈斌,张定贵,吕燕平等著.屯堡村社教育[M].北京：社会科学文献出版社,2019.10.

[40] 黄勇,王前主编.贵州文化产业发展报告（2016—2017）[M].北京：社会科学文献出版社,2019.11.

[41] 王兴骥,王国勇主编.贵州社会发展报告（2020）[M].北京：社会科学文献出版社.2020.08.

[42] 王兴骥,王国勇主编.贵州社会发展报告（2021）[M].北京：社会科学文献出版社.2021.05.

[43] 王兴骥,王国勇主编.贵州社会发展报告（2022）[M].北京：社会科学文献出版社.2022.03.

[44] 卢延庆编著.水族文化生态保护区建设研究[M].北京：经济日报出版社,2022.07.

[45] 贵阳市哲学社会科学规划领导小组办公室编.贵阳发展研究[M].北京：五洲传播出版社,2022.11.

[46] 贵州民族宗教事务委员会,贵州省科技教育领导小组办公室编.贵州世居少数民族传统建筑文化[M].贵阳：贵州民族出版社,

2023.02.

[47] 王兴骥,王国勇,高刚主编.贵州社会发展报告(2023)[M].北京:社会科学文献出版社.2023.04.

[48] 任晓冬,刘志.贵州乡村振兴图景——毕节农民专业合作社运行机制研究[M].广州:广东经济出版社,2023.06.

[49] 张学立,王林主编.贵州文化产业发展报告(2022—2023)[M].北京:社会科学文献出版社,2023.12.

[50] 贵州省社会科学院.贵州铸牢中华民族共同体意识报告2023[M].贵阳:贵州出版集团贵州民族出版社,2024.02.

2. 期刊论文

[1] 夏从亚,陈雯.非遗名录中贵州民族节庆的民族文化内涵与当代价值探究[J].贵州民族研究,2024,45(02):76-81.

[2] 吴杨芝,周湘鄂.服务性、文化性与审美性:贵州民族地区乡村旅游语言景观构建新路[J].贵州民族研究,2024,45(01):135-141.

[3] 肖志鹏,肖远平.非物质文化遗产视域下贵州民族歌曲的价值及其传承探究[J].贵州民族研究,2023,44(04):150-155.

[4] 鲍扬.贵州民族文化资源的文旅演艺产品开发现状及对策[J].贵州民族研究,2020,41(10):127-133.

[5] 范波.贵州民族地区乡村文化振兴对策研究[J].贵州民族研究,2020,41(08):76-81.

[6] 彭验雅,刘雍.贵州民族文化品牌创建刍议——以多彩贵州为例[J].贵州民族研究,2018,39(10):86-89.

[7] 王世春,王召令.贵州民族体育文化空间建构的路径探究[J].贵州民族研究,2018,39(06):104-107.

[8] 刘彩清,胡书玲,刘桔.空间视角下节庆活动对地方文化形象塑造的影响——以贵州民族传统节日为例[J].贵州民族研究,2018,

39(05):94-97.

[9] 吴畏.文化自信背景下的贵州民族教育——雷山苗族地区民汉双语教学情况调查与分析[J].贵州民族研究,2018,39(02):235-239.

[10] 张耕.创新驱动发展战略视角下贵州民族文化产业发展研究[J].贵州民族研究,2017,38(11):173-176.

[11] 周芳,曹莉.生态休闲文化视域下的贵州民族体育资源开发[J].贵州民族研究,2017,38(11):185-189.

[12] 翁泽红."一带一路"视角下创建贵州民族医药文化交流与合作有效途径探研[J].贵州民族研究,2017,38(07):171-178.

[13] 李小娟.原生态苗歌侗歌演唱展示体现贵州民族文化多彩性韵味探究——以贵州黔东南为例[J].贵州民族研究,2017,38(06):111-114.

[14] 邓小海,方仁,云建辉.贵州民族文化旅游发展模式与实现路径新探[J].贵州民族研究,2017,38(05):173-176.

[15] 韦欣仪.民族婚俗文化的游客感知价值研究——以贵州民族婚俗旅游为例[J].贵州社会科学,2017,(02):111-116.

[16] 谷文双.民族地区文化旅游业发展探析——以贵州民族地区为例[J].贵州民族研究,2016,37(11):170-175.

[17] 王滢.贵州民族原生态蜡染文化产业发展研究[J].贵州民族研究,2016,37(03):88-91.

[18] 宋才发,刘廷兰.村寨文化旅游业发展创新的法治问题探讨——以贵州民族村寨文化旅游业为例[J].贵州民族研究,2015,36(12):30-34.

[19] 单延芳.贵州民族文化旅游演艺产品游客满意度实证研究[J].贵州民族研究,2015,36(10):155-158.

[20] 姜申.民族文化在展示传播中的新媒体应用前瞻——以贵州民族

特色展示为例[J].贵州社会科学,2015,(08):84-88.

[21] 游涛.对城镇化进程中贵州民族文化保护与发展的思考[J].贵州民族研究,2014,35(12):116-118.

[22] 吴斐.异化翻译观下的贵州民族民俗文化译介与传播[J].贵州民族研究,2014,35(10):121-124.

[23] 廖朝圣.贵州民族文化品牌的培育与打造研究[J].贵州民族研究,2014,35(08):125-127.

[24] 朱晓辉.贵州民族地区旅游产业发展模式的文化链接[J].贵州民族研究,2014,35(07):138-141.

[25] 陈孝凯,孟立军,王国超.贵州民族文化价值的认识局限与超越[J].贵州民族研究,2014,35(04):34-37.

[26] 杨军昌,华骅.贵州毛南族人口与社会发展问题试论[J].西南民族大学学报(人文社会科学版),2014,35(02):32-36.

[27] 荣浩.论旅游业对贵州民族地区文化软实力建设的作用与影响[J].贵州民族研究,2013,34(06):135-138.

[28] 明秀丽.贵州民族文化旅游市场的开发与培育[J].贵州社会科学,2013,(03):84-89.

[29] 姚旻.贵州民族文化旅游业创意开发研究[J].贵州民族研究,2012,33(06):99-104.

[30] 肖庆华,桑圣毅.文化消费视野下贵州民族民间文化传承与发展[J].贵州社会科学,2012,(04):133-136.

[31] 范松.试论贵州民族村寨的文化性格[J].贵州民族研究,2011,32(04):93-97.

[32] 杨军昌,罗婧.贵州民族地区高龄人口与长寿文化——基于黔东七个民族县的实证资料分析[J].中央民族大学学报(哲学社会科学版),2011,38(02):49-55.

[33] 李松.多民族地区村落文化保护与社会发展的思考——以贵州荔

波水族村寨研究项目为例[J].民俗研究,2010,(03):50-59.

[34] 陈林.对贵州民族文化遗产保护的思考[J].贵州民族研究,2009,29(06):103-106.

[35] 刘祥平.论大众传播媒介与贵州民族地区民族文化传播[J].贵州民族研究,2009,29(03):74-77.

[36] 罗天勇,张悦.消费信贷与贵州民族文化保护研究[J].贵州财经学院学报,2009,(01):99-102.

[37] 李智伟,张超.旅游开发中贵州民族村寨文化遗产的保护[J].西南民族大学学报(人文社科版),2008,29(12):73-76.

[38] 魏红.论贵州民族民间文化资源法律保护在产业优势转化中的功能[J].贵州民族研究,2007,(06):28-35.

[39] 颜勇,雷秀武.贵州民族文化传统节日综论[J].贵州民族研究,2007,(06):36-59.

[40] 金白杨.贵州民族文化多样性及其再生性保护与开发[J].贵州民族研究,2007,(06):107-111.

[41] 陈旖.浅谈贵州民族文化旅游资源的可持续开发[J].贵州民族研究,2007,(02):82-85.

[42] 李南.贵州民族文化旅游浅论[J].贵州民族研究,2007,(01):83-85.

[43] 黄晓.产业化视角下的贵州民族民间文化资源保护[J].贵州社会科学,2006,(02):51-53.

[44] 李霞林.民族文化旅游与贵州民族地区经济发展[J].贵州民族研究,2005,(06):77-82.

[45] 郭慧莲.浅谈贵州民族文化资源保护开发中应注意的几个问题[J].贵州民族研究,2005,(06):153-156.

[46] 吕虹.振兴贵州民族民间歌舞戏剧文化创造多元化民族文化生态圈[J].贵州民族研究,2005,(06):157-160.

[47] 王礼全.关于贵州经济社会发展实现"历史性跨越"的思考[J].贵州社会科学,2005,(04):4-6.

[48] 黄晓.贵州民族文化资源产业转化过程中的人才战略[J].贵州民族研究,2005,(05):80-83.

[49] 廖建.小康社会的全面建设与贵州民族文化的发展[J].贵州民族研究,2003,(04):22-24.

[50] 唐显良.加快推进贵州民族文化建设的几点思考[J].贵州民族研究,2003,(03):106-110.

[51] 苏太恒.牢牢把握先进文化的前进方向推进贵州民族文化的发展[J].贵州民族研究,2003,(01):1-4.

[52] 宋晓虹.贵州民族文化与旅游业发展[J].贵州民族研究,2002,(04):151-154.

[53] 金颖若.试论贵州民族文化村寨旅游[J].贵州民族研究,2002,(01):61-65.

[54] 龙宣萍,徐圻.贵州民族风情旅游中的文化困惑[J].贵州民族研究,2001,(02):116-119.

[55] 韩荣培.抓住机遇,发展贵州民族旅游文化产业[J].贵州民族研究,2000,(S1):187-190.